看人不走眼的秘密

身体语言密码

[美]哈里·巴尔肯◎著

刘伟◎译

地震出版社

Seismological Press

图书在版编目（CIP）数据

看人不走眼的秘密：身体语言密码 /（美）哈里·巴尔肯著；刘伟译. --北京：地震出版社，2024.6

ISBN 978-7-5028-5652-6

Ⅰ.①看… Ⅱ.①哈… ②刘… Ⅲ.①身势语—通俗读物 Ⅳ.①H026.3-49

中国国家版本馆CIP数据核字（2024）第 079758 号

地震版　XM5785/H（6485）

看人不走眼的秘密：身体语言密码

［美］哈里·巴尔肯◎著　　　刘伟◎译

责任编辑：张　轶

责任校对：凌　樱

出版发行：**地震出版社**

北京市海淀区民族大学南路 9 号　　邮编：100081

发行部：68423031　68467993　　传真：68467991

总编办：68462709　68423029

http://seismologicalpress.com

E-mail: 8712121@qq.com

经销：全国各地新华书店

印刷：天津市新科印刷有限公司

版（印）次：2024 年 6 月第一版　　2024 年 6 月第一次印刷

开本：880×1230　1/32

字数：132 千字

印张：7

书号：ISBN 978-7-5028-5652-6

定价：45.00 元

CONTENTS

目录

第 1 章

人人都想知道的成功三法则

成功有三条法则:

一、认清你自己;

二、认清你的工作;

三、认清你周围的人。

我会从谈你开始。接着,我会和你谈到你的太太(或你的丈夫)、你的子女、你的朋友以及你每天接触的人们。我将告诉你,如何就能马上准确地估量他们,从而使你只观察一眼就能看出谁聪明,谁愚笨,谁诚实,谁狡诈,谁敏捷,谁迟钝,谁重实际,谁好空想,谁善交际,谁多欲念,谁好吃喝,谁好音乐……以及所有你遇到的人们的一切。然后,我再教你如何将对自己及别人进行观察所得出的结果,应用于社会交际以及事业上面。

希腊哲学家苏格拉底有一句最为著名的格言:"认识你自己。"而我认为,"明了"是世界上最重要的两个字。首先要明了什么呢?第一,明了你自己;第二,明了你周围的男男女女。在这个世界上,只有隐士不需要对人的性格有准确的鉴别。否则,无论你乐意与否,你都不得不与世人为伍。你一生的成就与幸福,全赖于你能否明了世人,以及你能否与周围的人相处融洽。这种研究也被称为科学的人性学。

与其他需要实验的科学学科不同的是，在作此研究时你不必用仪器和工具。你的实验室就是你周围的人。在我告诉你对白色人种与褐色人种作科学分析所得的差异点之后，你就可以对证一下你自己与你所认识的人；在我讲述清楚一个人在相貌上所表示出来的诚实或者狡诈的表象之后，你立刻就能用来鉴别与你在一起共事的人；在我告诉你，你最适宜做的职业以后，你马上就可以去找这种工作；在我对你讲完婚姻完美配合与说服并应付人的技巧之后，你就可以很有把握地去处理青年男女所遭遇的种种婚姻问题。

你愿意拥有一条快乐与成功的真正捷径吗？我曾经分析过很多领袖人物以及一些历史上的名人，事实证明，伟人在个性上至少具备两大特点之一，有时候甚至两种特点兼具。第一个特点是：这些出类拔萃的人物都有一个确定的与他们的志趣和才干相合的人生目标。换言之，他们都从事着适合于自己的事业。第二个特点是：他们都是个性的鉴别家。

而在本书后面的多个章节里，你将会学习使你得到最大幸福与最能明了一切的三种技能，那就是：明了你自己；明了你适合的工作；明了你周围的人。

当今世界，一切都变得紧张快捷，而时间则尤为可贵，因此，那些谈论捷径的理论和书籍最受人们的欢迎。

很多人称我为个性分析师与职业指导师。但我更愿意被别人称为"人性的工程师"。为什么呢？下面举一个在我的工作中所发生的一个真实例子来说明一下。

很多年前的一天，有一位工匠带着他14岁的孩子，来到我的办公室。

他进门后就对我说："巴尔肯先生，我想知道我的孩子究竟是什么样的个性，所以来请你帮忙分析一下。我能告诉你的是，他有一双天才的手，他整天削东西玩儿。只要能给他一把小刀和一块木头，他就会非常高兴，而且他的手也确实非常灵巧。假如我的想法是对的，那么我就打算不让他去上学了，而是跟着我学做木工，我会让他成为一个极为精巧的木匠。不久之后，他每天就能赚到八元工钱。"

我客观地（这也是我将要告诉你的看人的方法）望了一眼那个孩子。我看见了什么呢？我看出了一些不平常的事情，一些比单纯的机械天才更重要的东西。我细加分析之后，简要地对那位工匠说："你的孩子对人类有异常的爱心。我对他的职业分析结果是，他喜欢为人们服务。他具有深厚的同情心——几乎和他的科学天才一样大，而且他还有两只灵巧的手。这当然是很明显的，但是先生，你不能使你的孩子失学，那将是一件大错特错的事情。我建议你给他一个求学的机会，然后送他进医学院去专攻外科手术。而不要让他去刻那一天只能赚八块钱的木头，你应该给你的孩子一个帮助别人的真正的机会。如此，既增加了他的快乐，又增加了他对社会的用处与赚钱的能力。"

为什么我会这样建议他呢？或者说，我为什么会知道这些呢？其实，我是应用了本书将要介绍的个性分析的简单方法。

最后，那位工匠接受了我的劝告。后来，他的儿子以全班第二的优异成绩从医学院毕业了。

事实上，衡量一个人的能力与增加一个人的收入在意思上是一样的。因此，个性分析术也可以说是科学的职业指导法。这也是我将要对你讲的，同时也是你将来一定能做得到的——先对你自己，然后对别人。

这听起来好像很难，不是吗？实际上，它极其简单。我们将要挖掘出你的优点和长处以及你的积极特性，并告诉你怎样把它们转化为生利的资本。然后，我要揭穿你的弱点，并给你有益的建议。我将教给你纠正的方法，并对你最适宜做的职业加以指导。最后，我还要告诉你怎样只凭双眼观察就能分析出别人的性格。

我讲了半天，目的何在呢？为什么你要明了你自己？为什么要寻觅适合自己的工作？为什么要去判断并明了别人？原因很简单——因为如此才能取得更大的成功。我多年研究人们行为的动因所得的结论是，人们有意识或无意识努力追求的，就是"成就——快乐——适应环境"。

但是，只有这个希望还不能算完。你必须使这个梦想成为现实；你还要把它化入你的骨髓，直到你确切地感觉到这种铭刻肺腑的、坚忍的雄心。

成功的第一条法则是：认清你自己。这种自我观察并不是平日手拿刮胡刀对着镜子时的看法。这一次要用批判的眼光，心中应存有某种既定意见，就像医生为病人诊察时需要知道检查什么那样。简而言之，你将要观察的是九种人类形体的特征。这些就是你技术的、诊断的、衡量的工具。根据衡量所得的结果，你立刻就能对你自己进行分析。

之后，你就不会再对自己感到犹豫不定。你有艺术天才吗？你立刻就能回答"是"或者"否"。你确实诚实吗？你也很快就能断定。你有能抓住你打算以身相许或倾心追求的那个男人（或女人）的一些特性吗？你能得到并做好你打算从事的那份职业吗？观察，用科学方法观察！并且要"认清你自己"！这就是成功的第一条法则，是获得幸福快乐的先决条件。

成功的第二条法则是：认清你的工作。你总是抱怨没有获得加薪吗？你总是觉得工作太累吗？你觉得你的太太或丈夫不了解你吗？好啦，请先问问你自己下面这些问题：

成功法则之三：认清你周围的人

成功法则之二：认清你的工作

成功法则之一：认清你自己

　　你完全明白你的工作或职业的各个方面吗？你被认为是各种活动的权威老手吗？你真正了解你的丈夫吗？你确实明了你的太太吗？

　　例如，假如你是一位商店售货员，你知道怎样一眼就能辨别出来男女顾客是激进的，好争的，爱讲话的，头脑固执的，诚实的还是狡诈的吗？还是你只能盲目地听买主的支使去拿东西？

　　在后面的章节中，我会告诉你怎样去衡量人性并立刻知道他们的购买动机；怎样分辨专爱砍价的买主与大方的买主，以及性情迟钝与敏捷的人；怎样知晓你必须接触的顾客的各种购买动机。

女性朋友们也务必留意！你同样知晓工作中人性方面的事吗？你是你女儿的密友、儿子的知音、丈夫的同志吗？如果你不清楚这些事情，那么，这里的个性分析与应用心理学的简单原则同样能帮助你。你应该积极地学习它们。这远比说长道短、打麻将、看电影和听戏有趣而且有用得多。

成功的第三条法则是：认清你周围的人。你学会了科学的个性分析法之后，便获得了一把可以开启每位你所认识的男人或女人的心灵的钥匙。试想一下，能洞悉你所接触的人们该是何等的重要！刚与你作了一次商业或社交上接触的人，你能看得出他是否诚实吗？你想知道他可信与否吗？从本书后面介绍的 15 种表示一个人诚实与不诚实的征象中，你就能准确地明了对方。

你遇见了一个男人，并喜欢上了他。但是他的性情、情感如何？温柔与否？有艺术天才还是商业才干？这不是乱猜的。你完全可以事先知晓。这就是幸福婚姻的最好保障。

假如你能充分利用上述的成功三法则，就一定可以在个人、社会与经济上，由平凡而达顶端。有了这种学识之后，机会之门将会为你而开，胜利也将属于你。

第 2 章

神奇的个性观察秘法

我们不需要花费太多的时间，去探寻如何知人知己的秘诀。接下来的内容，就能帮助你对人们的种种个性一目了然。而这种本领将会使你的人生收获颇丰。

半个月前，有一位先生来拜访我。他开着一家小百货店，有一个现在已经 28 岁的儿子，名叫汤姆。原来，这位先生一直想让儿子接自己的班，成为一个出色的商人。于是，他让儿子到某大学的商业管理专科就读，准备学成之后，回来帮助自己经营百货店。但是，他的儿子却不喜欢经商，虽然汤姆已经很努力地去学习经商，但始终提不起兴趣。相反，他对服装设计却充满兴趣。平日里，他很喜欢玩弄布料，只要有空，就会拿着各色衣料披在身上，并用纸笔画出各种样式。

有一天，当汤姆说自己要到夜校去上一个服装设计方面的课程时，这位先生便大发雷霆。他是一位身粗脾气也粗的人（后边我将解释这种人的个性），对这件事情很不理解，认为儿子喜欢服装设计这种女性化的工作，真是太没出息了。

汤姆当时 23 岁，也遗传了一点他父亲的固执脾气。他一边在他父亲的商店中工作，一边坚持去上那个夜校。不过，他的母亲很支持他。在接下来的三年里，汤姆对商店里的工作越来越感到乏味，但是，每当去夜校时，便会高兴不已。

有一天，汤姆走进父亲的办公室，说："爸爸，我已找到了另外一件差事。"这位先生将信将疑，因为当时正处于经济衰退期，找份工作非常不容易。但汤姆说的却是真的，原来，他已经当上了某家丝织厂的设计师，每周薪金40元。

而当这位先生跟我说起汤姆时，每年薪水都会提升的汤姆，年收入已达6000元之多（当时年收入6000元已经是极高的收入——译者注）。

现在我告诉你要点所在。这位先生是来让我分析他儿子的性格的。我听完这位先生对汤姆的介绍后，心想："这位先生由于不了解他的儿子，竟然产生了那么多的误会！"

其实，假如这位先生对科学的个性分析法与职业指导术的最简单原则略知一二，他便能知道，让自己的儿子当商店老板决不会让他快乐，也不能让他成功。通过照片我看到，这个青年的皮肤极细，鼻子细长，前额极平，脑门高宽突出，

发达的肌肉富有弹性地包着骨骼，这几样特点皆表示这个年轻人具有创造力与艺术天才，若不给他有表现机会的工作做，那真是一个大错误。这位先生现在明白，自己对于科学的职业指导术太不了解，并且不久之前他又拜托我去分析他另一个孩子的个性。

　　数年前，在我家里举行了一次小型宴会。饭后，有人提议每个人都用几句极简单的话，把自己一生的经历写出来，甚至可以作为死后刻在墓碑上的碑文。于是，大家都取了一张纸和一支笔，写完之后互相传阅。其中有一个年轻人写的内容使我至今难忘。他在纸上仅画了三个标点符号：一个连接号"—"；一个惊叹号"！"；一个句号"。"。当时，我就问他这是什么意思，他凄然地说道："一阵横冲直撞，落得伤心自叹，最后默默终了！"

　　这确实是一桩悲剧，我们大多数人一生中都在盲目地乱撞；而且大多数人往往在发现自己一无所成时，才悔之晚矣。

　　另一方面，因为我们对于这种新的科学个性分析法茫然无知，几乎所有男女人士的天才都被埋没或被误用，将自己的能力全葬送在不相宜的劳苦工作之中。父母与教师有很多时候也会帮倒忙，硬是把天生的艺术家训练成了技术工程师，又把天生的商业高手训练着去当音乐家，本来有着园艺或科学研究的才干者，却误使之当了教师或医生或律师或传教士。那些拥有优异才干甚至拥有卓越天才的年轻人，却去干着与自己的才能毫不相关的行业，这就等于废弃了他们的天才，这实在太过可惜！幸而，这些都不是不可挽回的。因为个性分析法是一种极其简单的学问，你很容易就能学会。

"说起来轻巧，"这时候你也许会说，"我要怎样才能做得到呢？我如何去判断个性呢？如何才能学会知晓自己与对我最相宜的职业呢？"

这很好办。就让我们从根本上说起吧。通常，无论是男性还是女性，在打量人时都会用同样的方法——用眼观察。因此，我们首先要学习的就是——看人法。

一位地质学家看见一块岩石就能讲出一篇生动的地球形成的故事；一位植物学家看见一株花草便能将植物世界写成一篇有趣的文章；一个天文家用100英尺（1英尺＝0.3048米——译者注）长的望远镜与分光镜观看距离地球有上百万光年的星座，然后计算其大小、速度、构造、化学与气体的形成，就可以写出一部科学的论著。

那么，为什么我们就不可以去观看那些与我们接触的人，去研究他们、分析他们、明了他们呢？这时，你也许会问："我们应该观察什么呢？"事实上，人们在形体上有九种不同，因此想要学习科学人性研究法，就应该知道这九种用来观察并判断人的个性的标准技术。我们称此为

"九种形体上的特征"。将这些身体外形可以观察到的几种特征弄明白之后，任何人的性格个性便就一目了然了。首先容我简述如下：

（一）人体的颜色——皮肤、头发、眼与胡须——各有不同。有的人金发碧眼白皮肤，有的人黑发黑眼黄皮肤。这些颜色不同的人，在性格、个性、身体、智慧等各方面均有着极大的差别。

（二）人们的面貌形状——前额、眼、鼻、嘴、下巴的样子——各有不同。

（三）这一条区别可以称之为结构的特征——人们身体的体质构造共有三种：智慧或思想家型，这类人有计划、推理、创造力；实干家型，这类人惯用他们的手或身体去实现思想家型人所制订出来的计划；最后一种是有魄力的管理者型，这类人专门对前两种类型人士的工作予以财力支援并监督之。这三种人你都可以由他们身体的结构认得出来。

（四）人们毛发、皮肤与面貌的组织亦有不同。婴儿的毛发极柔软细巧，皮肤白嫩，有的成年人也是如此。而有些人则毛发粗硬，皮肤粗糙。

（五）人们的肌肉松紧与骨骼的韧性也各不相同。你在和别人握手时是否曾遇到过这样的手：在握手时，你发现对方的手是那么的绵软多肉，就像用力一握就会从你的指

缝间滑出来似的？试将这种人的个性与手指肌肉硬而有力
的握手者的个性相比较，我敢说，他们一定是不同的。再
者，有些人的骨头极柔韧，好似可屈可伸；有些人的骨头
则富有弹力；还有些人的骨头则像是极硬的石头。通过后
面的章节你将会知道，骨骼情形不同的人其性格个性亦大
不相同。

（六）我们身体各部分生长的大小比例也不尽相同。如
果对这种身体各部分的大小比例加以研究，也会发现个性
上的许多有趣知识。

（七）我们的身材差异很大。有些魁梧硕大如德国的兴
登堡将军，也有短小精干如法国的福煦将军。所以，这两
种体型的人其性格个性自然也大不相同。

（八）我们的各种动作表现也不相同。例如我们的行走
姿势、声音、握手、字迹、态度、外貌、衣着等。不过，
这些相对来说，是可以用意识加以更改或操纵的。

（九）最后一条，就是体质的强弱健壮与有无疾病。由
前述的肤色、面貌、结构、身材等八种不同的情形可以知
晓一个人是否有魄力、好动、勤奋。至于体质的强弱或是
患痛风、心脏病、扁桃体炎等则对有魄力的人也会产生影
响。因此，想对人性获得科学的确切知识，就必须对人们
一切的征象加以研究。

例如，富有魄力的人可有 19 种能一望而知的征象。笔

者曾于 1913 年分析过老罗斯福的相貌，这 19 种征象他竟然全部都有。假如你遇见一个男人或者女人，身上具备了这 19 种征象，那么他就必定像老罗斯福一样敢作敢为。

因此，上述的人体九种特征实为洞察人性的钥匙。对于你所遇见的人士，只要你掌握了这一套技术，那么，你一看便能洞晓他的一切性格与个性。

总之，科学的个性分析法所注意观察的人类九种形体特征为：

（一）颜色——毛发，皮肤，眼睛，胡须。

（二）形状——前额，眼，鼻，嘴，下巴。

（三）结构——智慧或思想家型，实干家型，有魄力的管理者型。

（四）组织——毛发，皮肤，面貌的粗细。

（五）紧韧——肌肉与骨骼的松紧程度。

（六）比例——面、头与身体的比例。

（七）体积——身躯的大小。

（八）表现——行动，声音，态度，衣着，字迹，握手。

（九）体质——强弱。

第 3 章

从肤色观察人的异同

　　脸与皮肤的颜色是九种形体特征中最容易看得出来的。（本章所论述的白皮肤金发和褐色皮肤黑发的人的分析，对评判欧美人最为恰当，对东方人种也许难以完美契合，不过其论据很有事实道理，因而也译出来作为参证。——译者注）最近笔者曾听到两个年轻人争论，一个人说凯弗兰西丝是好莱坞最红的女影星，另一个人则说道，琼班妮是非其他女明星所能及的。后者说的琼班妮，引起了我的极大注意，因为一个月之前我才替她分析过个性。

　　琼班妮与凯弗兰西丝恰好是白肤色与褐肤色人的最好代表。但是她们两人争论又有何用，除非她们明白这两种人的性格个性的不同的科学与历史背景。

　　"为什么你会喜欢金发女郎？""小姐，为什么你爱褐色皮肤黑眼珠的男子？"要了解这些问题的答案，就要深究心理学与历史的全部经纬。这关系到一个民族的兴衰和国运的长短。

　　在学完第一课科学个性分析法之后，你都可以将大多数人分类为白或褐肤色。当然人群之中也有正好介于中间的既不太白也不太褐的，这时候我们只能由别的形体特征去判断了。目前我们只说纯粹的白或褐色人的个性。

据大科学家海克尔说，所有的人种都可以分为两大类：深色皮肤与浅色皮肤。我们可以再分得精确一些，按头发、眼珠、皮肤与胡须（假如是男性）的颜色分。西方人把白发浅色眼珠、金发灰色眼珠、红发蓝色眼珠的人都算作白色。浅褐发蓝灰眼珠、褐发深蓝眼珠、褐发浅褐眼珠的人是介于白黑之间的人。深褐发深褐眼珠、黑发黑眼珠、棕或黄种人及黑种人均归为黑肤色人。

当你刚开始分析自己时，首先看看你是属于哪一种颜色的。但是为什么是白或者黑色呢？你的头发、眼珠、皮肤的颜色是从何而来的呢？为什么人类并不都是一样的颜色？这难道不是一个很有趣的问题吗？但大多数人都不明白，只会回答，噢，我生来就是这样的。

人类学家研究原始人类进化所得出的结论，确定了最初的人类生长在热带与亚热带的地域。许多人类学研究专家都公认，原始人的肤色是极褐的，并且他们最初生活在沿地中海、红海以及印度洋一带。

近赤道地带为地球上最热、阳光最强的区域。科学家研究得知，大自然赋予原始褐色人种的发肤、眼珠以黑色素，以此来抵御太阳强烈的紫外线。而且，各大人种的色素深浅均与其所在地域光线的强弱有关。换言之，假如你是褐肤色人，则你的先祖很可能是来自拉丁、地中海或近热带的种族。

　　然而在远古时代，大概是由于人口密集或漫游天性，以及航船的发明，这些原始的褐肤色人种四处漫游。后来他们竟漫游到西北欧洲及波罗的海周围地带。但是，这些地方的水土气候与他们习惯的南方乐土大不相同，天气寒冷，阳光不足，这里为地球上多雾多云最阴暗的地带。这些褐色人身体中的黑色素便因为用途不大而日渐消失。若干世纪之后褐色褪去的人种即成为了白肤色的人。

　　因此，你可以明了所有白肤色人的先祖都能推源到地球的这一区域。现在我们已经知道人为什么和怎么样会是白肤色与褐肤色的，以及他们天生的特性。我们也已明了白肤色人的先祖多来自北部寒冷地带，他们因与寒冷的环境相搏斗以求生存，所以他们的能力才得以发展。现代白肤色人种的先祖必定是能够适应当初的环境而由物竞天择留下的人。

　　反之，褐肤色人的生活就比较容易。因为他们的先祖的环境与心理状态的遗传，他们的天性多是不好动的，爱家庭而不愿冒险、追求稳定的。

　　以上所述均可证明，白肤色人种是比较积极好动而不愿安逸的。接着，让我们来看看为什么白肤色人的特性是这样的。

　　这些北方穴居的人必须靠奋斗始能生存。他们要与别的种族打仗方能获得渔猎之地。生命存亡是朝不保夕的，他们的生存欲是急切的。大自然磨炼出他们积极进取、有活力、好争斗、重物质、有眼光等天性，又因为他们所在的地域多雾阴暗，他们的黑色素日减，遂成为了白肤色人。

研究人性学的人请特别注意，我们现在研讨的白肤色人的气质性情，亦可用于日常实际的个性分析。为了维持生命，居住在寒带的白肤色人需要消化大量的食物并呼吸大量的氧气。在打猎、航海或打仗时，这些古代的白肤色人需要迅速敏捷地集中精力，工作完成之后接着需要长时期的休养恢复。他们天生不适于持久忍耐的动作，因此他们缺乏忍耐与智力的集中。白肤色人可以老罗斯福为代表。一个白肤色的人在工作上是激进的，能克服障碍，抑制别人并推动自己。他活泼积极并能激励和鼓舞别人。概括地说，就全体的白肤色人论之，他们乐观，易变，无耐心，有时无恒心，并永远在寻找征服新的领域。从遗传特性上，白肤色人的天性喜爱征服，总想统治领导别人。

这时可能有人会问我："你自己是怎样应用的呢？"那我就姑且举一个例子。1931 年德特罗城某汽车公司经理领着一位年轻的技师来见我。他说，那个小伙子很能干，但是他对自己的工作总是很容易失掉兴趣，从而不愿意踏踏实

实地干下去。先生，请你分析一下他的个性，并告诉我如
何管理和安排他，因为他是我的一个至亲，我很关心他，
希望他能上进。那位经理对我解说完之后，就从接待室里
把那个青年叫了进来。我望了他一眼之后，便立刻说道：
"喂，朋友，我看得出你非常讨厌汽车厂中的那些机器，他
们到底每天都让你做了些什么呢？"

那个青年耸了耸肩，答道："哼，先生，我是在组装车
间，如果我不能早日脱离那里，这工作就会把我累疯了！"

那个青年并非言过其实。他是一位白肤色的人，他的
个性应该是：不能静、沸腾、喜变化、着急、易变、机敏，
但他却每天站在自动板前把一样的螺钉拧进钢孔中。

那个青年走了之后我请他的经理进来。我说道："老
兄，你的那个技师确实很有才干，可惜你把他用错了，你
留不住他的。他对机械有很深的了解，但此外他还喜欢变
化与新奇。你必须把他的工作调动一下，否则他会辞职的。
给他一个类似总稽查之类的工作或是让他介绍新车，或是
总技师，只要是常有变化的工作就可以。因为单调的工作
对他来说只是毒药。"经过调动之后，那位技师果然很愉
快，工作效率也大大提高了。

第 4 章

人的额头展现他的个性

现在我们讲形体特征的第二种，就是额、眼、鼻与下巴的形状。1912年我曾帮助大魔术家贺迪尼分析过。当时我对他说道，贺迪尼先生，你有一种超级的理解力，你的优越的观察能力是我分析过的所有人士中独一无二的。他说，巴尔肯先生，我认为我的工作的最大秘诀就是我的观察能力。我就又问他，你是怎么培养出这种能力的呢？他解释道，啊，这得益于我父亲的教导，在幼年时期，我常常随着父亲到街上散步，他总是会突然问我，孩子，你在我们刚才走过的那家药店的窗子里都看见些什么东西呀？我常常回答说，爸爸，对不起，我并没有看清楚。这时，他总是很不高兴地说，那你的眼睛是做什么用的？从此以后，我便开始注意观察，并且不久后我就明白，只要利用眼看便有很多可看的东西，我不但用眼看，而且还努力学习如何去迅速地记。结果，我现在只要用眼睛扫一眼桌上摆开的一副扑克牌，便能背出全副牌的先后顺序来。

你要注意的一大要点就是，一切成功的个性分析全基于聪敏的观察。养成一种对你所遇见的每个人都加以注意和研究的习惯，你便不难知晓一个人的思想是快还是慢，他是否有良好的观察领悟力，他务实还是好空想，所有这

些只需观察脸上的一部分即可有收获。

1. 凸面型

积极意向——思想快，善观察，富

有创造力，行动快，易感

应，喜进取。

消极意向——过于锐敏，喜讽刺，

易怒，喜冲动，缺乏持久

与忍耐。

凸面型

　　这里有一种方法可以辨别出思维敏捷、注重实际并富于观察力的人。我们只需看一看他们的额部或者脑门。你看他的脑门是极明显地往后仰吗？是从眼眉以上突然往后斜的吗？假如是这样，便表示这个人是敏锐的思想家。这种人在遇到紧急事件时能立刻明白该怎样做——这是一位眼光锐利的观察家，聪敏机警。

　　俗话说，针头尖枪头锐。凡是箭头式的或尖的东西动得都比钝的东西快。因此，一个人的额部或脑门明显地向后斜长着的，这种尖锐的侧面面像往往表示其智力极佳。

　　这种人对任何事物都有想看的冲动。他们天性喜好探究。眼眉处愈向前突出的人愈爱观察。他们会在别人把事物展示、表演或证明给他们看的时候，敏锐地发现问题。

换言之，他们的眼睛最管事最敏锐，不像另一种人的耳朵最灵敏或最爱幻想。他们会忘掉从耳朵听得的，但却永远忘不掉用眼睛所看见过的。

你已为人父母了吗？或者你是教师吗？你的子女或者学生有这种额部或脑门向后坡长的吗？对这些人，你不要只讲故事给他们听，更要让他们用眼看，用手摸，实际地接触那些事物。

你是一位售货员吗？那么请用这种方法。当你遇到眼眉突出、脑额显然向后坡着的男女顾客时，你不用怎么说话，只需要把货样拿出来给他们看就行。对这类人，你需要做的只有写出事实来或用图解来表达故事。你只要显示出事物的结构来，让他自己去摆弄，去感觉那些看得见的实在的东西。给他们事实并且很快地给他们——他们心中也会很快地作出决断。换言之，对这种人要拿给他看，做给他看，证明给他看，而不可以只是空谈。

这种脑门后斜或额部呈凸出形的人是天生的观察家。因此，你可以明白他们具有适于研究各种自然科学的优秀天赋。电学家斯坦米兹的额部形状使我想到，这种人对诗歌、形而上学、宗教学是没有兴趣的。他们最感兴趣的往往是地质学、植物学、动物学、电力学、机械学，他们愿意知晓一切所见的东西的颜色样式、大小、构造与质量。这就是个性分析家称为重实际与具备科学头脑的一类人。

科学是加以分类与组织的事实，而这种人最擅长的就是寻找与观察事实。

假如你是额部凸出，好动好做，不愿安静，活泼有力，喜好户外生活的人，我建议你去学习机械、工程、外科医术或者农业科学，你可以凭借自己的天性喜好选择一种；如果你是一位有魄力、对于物品价值富有鉴赏力、前额凸出的人，那么，你就可以成为一位极其能干的采购专家。实际上，许多大百货公司的经理都是此类额型。

现在请你吸满一口气，我们将要作一次心智的考察旅行。相传，有一天，大哲学家柏拉图带着他的一个学生到郊外散步。那个学生忽然问道，老师，你为什么走路的时候总是低着头呢？为什么不像我这样昂首阔步呢？这位大贤人转过脸来对这个年轻人说，孩子，看见前边的麦田了吗？那些生得饱满成熟的麦穗都是低着头的，只有嫩而未熟的麦穗才立得笔直！

大概是因为他们脑子里的思想太多太重了，才使得我们看到的每一位思想家都是低着头的。大雕刻家罗丹的杰作《思想者》的雕像不就是低着头的吗？

我们在日常谈话中也常常提到前额高或前额低，表示对高深的理论有兴趣的人通常前额高，对物质方面的东西有兴趣的人多是前额低。然而，我们却不应当武断地说前额低的人智力就欠发达。反之，低前额的人也常常拥有特佳的智慧，例如电学家斯坦米兹就是前额较低的人。有些人往往存有一种错误的观念，以为前额低的人具有邪僻的倾向，这完全是错误的，且对许多可敬的人是不公平的。前额低的人确实表现出对于物质比对于理论更有兴趣。另一方面，天生的思想家、理论家与哲学家多是长着一副高前额。最明显的如爱因斯坦，而萧伯纳的前额更是特别的高大。

下面是个性分析的前额形象定律。一般来说，面型凹进或前额上部极高、脑门突出、眼眉平坦（换句话说就是前额向前突出鼓起）的人思考慎重、思想缓慢。这种人喜好幻想，推理，考虑，分析，穷究事物之理。他有极灵活的想象力。他能够幻想到别人所想不到的。他常使脑子旅行到极远之境。当他不思考无观察时（眼眉平坦是其表现），则很容易陷人沉思之中，并且时常表现得心不在焉，是个十足的梦想家。

但是，千万不要误解了这一点。文明往往是在幻想中产生的。大天文学家哥白尼用他的幻想演绎成了天文学的革命；莎士比亚用他的梦给人类留下了古典永恒的文学；富尔顿给我们想出来了汽船；摩尔给我们想出来了电报；爱迪生给我们想出了电灯与留声机……他们这些人都是梦想家。没有这些梦想家与智慧的先驱者，我们便不能生活在这个现实的世界上。他们会看透，深思，回想，最后形

成概念，造出实物嘉惠后人。

当年，有一个青年幻想到，在雨天的闪背后，必定有一些奇异的潜伏的力量。这个幻想家和梦想者就是富兰克林，后来，结果证明了闪中有电。请注意他高大突出的前额。而研究宇宙射线的米里奇及若干幻想家的前额也是呈突出形的。还有那具有优美的思想、写出名著与歌曲的普希金与惠特曼等人也生得一副突出的大脑门。相信，如今仍有许多幻想家和梦想者正在为人类的幸福大道与门径苦苦思索。还有那些小说家、文学家、艺人，他们面貌的相同点就是一副高而突起的面型。这是最容易观察的一种特点。

2. 凹面型

积极意向——善熟虑，能忍耐，态度温和，随遇而安，思想行动皆审慎。

消极意向——太缓慢，缺乏创造力，易趋于不实际，懒惰并固执。

凹面型

某一天，我接到一个青年的来信。我曾帮他分析过他的性格并为他最适于做的工作略作建议。他在信上说，自从我帮他分析了他的性格并建议择业之后，他已经获得不少艺术、美术、哲学方面比赛的奖金。他本来在一个杂货店当职员，然而他却是神经质、褐肤色、细皮肤、前额上部突出、面呈凹进面型的人。他本宜于写美丽的诗歌、动人的小说及戏剧，但他却干着杂货店员的枯燥工作。像他这样的情形多得很。你知道莎士比亚最初是羊毛商人吗？知道爱伦•坡同王尔德当初是铅管匠吗？所以，我坚决主张那个青年早日放弃杂货店中的工作，改习美术方面，之后，他果然变得精神愉快，成绩进步很大。

我们时常看见有的男人或女人的前额两边向外突出，大部分这样的人擅长寻根究理，喜哲学，善创造、组织与想象。许多有成就的思想家、工程师、作家或广告设计家——这种富于创造力的人——都有一副显著的宽大的前额。许多雕刻家、画家或作曲家，大多数大哲学家或艺术家的脑门都是宽大突出的，这种类型的人喜欢在脑子里幻想概念。这种类型的男女人士习惯于去寻根究底，对每件事每句话都要问个明白。试看大哲学家苏格拉底的雕像。你没注意到他那突出的大脑门吗？

这种前额突出面部凹进的人是惯会发问的——假如脑门中心突出甚为明显，则表示此人有可能极富批评与分析能力。他们极喜欢把你的计划打乱！他们最爱把你的意见批评得一无是处。

假如一个人的面部凹进额部突出，而且又是褐肤色，鼻子尖冲下，则他的思想很容易成为病态的神经质；性情太内向，喜欢分析自己，太好吹毛求疵，容易心灰意冷。假如你本人是这种类型，最好的办法就是抛开自己。把你的思想养在一种嗜好上，迫使你自己为别人做点事情。或者读些激励志趣的书籍和关于人生修养的名著。用乐观与热忱的环境包围你自己——这样你才能对人生感觉有兴趣，你才能得以适应环境。

反之，假如你遇见一个人有突出的前额，肤色极白，鼻子尖向上翻，你知道他的特性怎么样吗？他多半极其乐观，幻想丰富，以为自己的高明主意是世界上独一无二的。不幸的是，虽然每天他都能想出一个新的主意，并且这些主意都是空中楼阁，但他自己往往信以为真。

假如你对我们所说的前额或脑门部分辨认不清，我可以替你解释。前额就是眼眉以上与头发之间，假如你的朋友是秃顶，有一个好法子，就是你把眼眉向上扬时，脑门便现出皱纹，可是头皮仍然平滑，因此，出现皱纹的部分便是前额。普通人的脑门的宽度约为高度的两倍，由此差别便可以得知一个人的脑门是高或低，是宽或仄。

我们已经讲过，若是前额的下部，即眼眉附近显著而特别发达，也就是说比前额其他部分突出，则表示这个人的观察能力可能很强。一个人的前额呈凸出形，上部忽然向后呈坡斜，那么，他的脑子里就像是长了眼睛，他喜好要求事实、材料、证明统计与其他能看得见的知识证据。有一个人很会使用我的个性分析法，他是推销铅笔刀的。每逢他遇见一位脑门向后呈坡斜的顾客或者学校的教务主任，他便能立刻做成买卖。他不多说话，只是取出旋铅笔刀来，放进一支铅笔，转几下子，抽出来递给顾客看，同时干脆地说，12块钱一打，110元一包！你要买多少？

我上面说过，前额下部突出上部后斜的人往往富有观察力；我也曾经说过，前额上部特别发达突出的人想象力极强，善推理，好批评，追究根源。苏格拉底、爱因斯坦、萧伯纳都是这种类型的人。他们善好研究哲学、玄学、心理学与经济学。你若生得一副上部高大突出的前额，那你便太好幻想、梦想，太重理论太心不在焉了。诗人爱伦·坡就是如此，太悲观，神经质，几乎呈病态。

你有时候可能会遇见前额中部（不是下半也不是上半）特别发达的人。这种人往往是介乎观察与想象家之间的人，这种人的前额表示记忆力极佳。他善于牢记日期、事件、地点、歌谱等。这是一个简易而可靠的观察法，可以测知谁是音乐家。我所见过并作过相貌分析的著名音乐家，从歌剧家到摇滚乐师，从卡鲁苏到惠特曼，都是前额中部宽大发达，宽脑表示对于乐曲韵律、节拍、韵调敏感。

假如我看见一个少年前额宽大皮肤极细，我一定会向他的父母建议把这个孩子送入音乐学校，为了兴趣为了将来的职业前途，这都是最恰当的。

总结起来我们大可以说，前额或脑门高的人大多喜欢高超的学问：哲学、高深的算术、心理学、伦理学与美学。

再说脑门或前额低的人，他们对于物质的细节、可见的东西、客观与自然科学远比对于抽象之学与不可靠的事物感兴趣。

而且巧合的是，你会看见前额宽大的人胸怀也更博大。胸襟宽大的意思是指一个人多才艺，善于适应与心智倾向宽泛。这种人对于自己的工作喜好常变化，喜更换。

前额或脑门狭窄的人的个性也更狭窄而专一。但这不可以与平常人所说的心境狭隘相混淆。我不是说人的固执与武断。前额狭窄的人是专家，他们对于一种学问可以用心深入研究。居里夫人就是这种类型的典型代表。

在医学界，窄脑门的人可以成为专门的细菌学家，神经系统、眼、耳、喉、心脏、肿瘤等科的专门医生。

在法学界，窄脑门的律师会更专心于公司法、商标法、海事法或刑法等，前额宽大的人则喜欢变化而愿意从事一般的法律业务。

平常不必把一个人从某种行业提出来，再去发现他最适合做的工作。不久前我曾分析过一位建筑技师，只为他的职业作了一点但却是异常重要的改变。因为他具有智力

天性、建设能力、想象、创造与艺术天性，他现在转而从
事建筑界的创造业务方面，之后，他感觉愉快多了。这一
点点改变就使得他由讨厌工作转而获得成就。

记住，苦干是成功的主要条件之一，只赖前额生长的
形状是不够的。所以，在看清楚你自己、你周围人的前额
形状之后，仍要用你脑子里的知识学问向前进！

第 5 章

你是健谈的人，还是沉默寡言的人？

　　我们在人群中经常能遇到喋喋不休、像打开了话匣子的健谈者。当然，并不是每个话匣子式的好谈话的人全是人群中的害虫，其实发言欲——渴望表达自己的意见——是一种优点，尤其是能表达出可取的智慧时。可惜，大多数时候人们并不是这样来表达的。

　　我的一个学生，一位少年，最近给我写信提到了他到某地渔猎旅行时所遇到的一件事。这次旅行是他公司的总经理特地为招待一位重要的顾客而组织的，因为那个人最喜爱钓鱼。参与者有公司总经理、那位顾客以及我那位学生，还有新近入职该公司的一个地位颇高的推销员。我的这个学生从我这里学会了一些"相人术"，也就是科学的个性分析法。在出发之前，他力劝总经理最好不要带那个新来的推销员一起去。他给我的信上写着："我与他初次见面时，他刚开始时很缄默，但我很快发现，他具备了'话匣子式'人的一切征象。"

　　但是他的公司总经理还是决定带着那个人一同前往。果然不出我的学生所料，那个人自从上车，就一直喋喋不休，到了垂钓露宿营帐时，他又对一切东西批评个不停。两天之后，那个顾客再也忍受不了了，就把公司的总经理拉到一旁说："那个小伙子把河里的鱼都给吓跑了，假如你不能让他住嘴，至少也应该让他离开我这条船。他是你约来的，你跟他坐到一条船上去钓吧。"

鲍勃，我的那个学生，从那次旅行归来之后便立刻获得了总经理的提升。他当初对那个推销员的个性分析一点也没错。那位嗜好钓鱼的顾客从此成为了鲍勃的老主顾。那几天，鲍勃曾陪着那位阔顾客同船钓鱼，而他的总经理却守着那个推销员，时不时地准备堵他的嘴，以便让他少说点话。

鲍勃当初决非随便猜测那个人是话匣子，他是通过观察判断出来的。下面就让我告诉你，如何运用这种观察法。

人脑的各部分都有与人体其他部分相同的发育原理。这个原理就是：愈利用愈发达。若不用或营养不足便会腐坏、消瘦甚至完全失去机能。喜欢说话的人脑子里的语言神经中枢非常发达，他们经常地使用它，从而使语言神经中枢越来越发达。

1861 年，法国著名外科医生布罗卡博士发现，人类脑中某一部分与人的说话机能有着奇异的连带关系。当时，布罗卡医生担任巴黎疯人院的院长，院中收容的病人有些是患失语症的，失语症会直接影响到人对字句的记忆，患此病的人甚至会忘记自己的姓名、家住哪里或者忘记了所有的字句，需要从头学习说话。这种病人死后，解剖他们的脑部，会发

现其中某一特定部位都带着病象，那块地方有的发肿，有的
已经损坏，有的则曾受过震伤。那块灰色的小地方刚好生长
在眼珠后边靠上一点，因为布罗卡医生对此处研究特别详尽、
深入，故医学界便以布罗卡之名代表此灰色区域。

以上所述虽近于专门学识，但却对个性分析有直接的重
要性。一个人说话多了并经常运用大脑的语言中枢，血液便
会给予此部分更多的流通和滋养，因而此处就特别发达，因
为此处恰好在眼珠的后边上面，所以，它发达、长大，便有
使眼珠向下向外凸出的倾向，这使我们得到一个要点：**眼珠
凸出的人往往爱讲话，是健谈家，并喜欢利用字句。**

然而，在你断定某个人是否健谈之前，你必须能确切
地鉴别其他的一些特性，不可以仅根据眼眉及眼珠的凸出
断定，而应当看颧骨。假如一个人的眼珠与颧骨相比较凸
出甚而凸出颧骨之外，你就能判断出那个人是健谈者，而
不能将眼眉的浓粗向前突出误以为是眼珠凸出。细看人的
眼睛，请记住我前边解说过的，它们是因语言神经中枢特
别发达而被挤出向外向下的。

你还要记住，这种特征仅
仅是指讲话的量而不是其质。
虽然人群中不乏总是喜欢讲话
但讲的全是废话的人，但有些
人的讲话虽多却都值得一听。

你若有智慧并具有凸出的眼睛，你是一位强有力的个性人物。在某些职业上，讲话能力与表达能力是一种重要的资本。传教士、售货员、语言学家、新闻记者、律师与演讲家——都需要有凸出的眼睛。我们发现，古今中外的众多大演说家、传道士、政治家的眼珠都是凸出的，而近现代一些人物，如希特勒、路易·乔治等都是如此。

这并不是空洞的理论，而是根据数以万计的试验与观察所得出的结论，并且有的极为有趣。数年前，我在匹兹堡师从温德塞医生，他约我去医院看一个对我很有用处的病患。一位太太坐汽车时被撞伤了头骨，那小块伤处正好在她的左眼珠上边，脑子都可以看得见，自从被抬进医院之后，她就喃喃地讲个不休，她说的都是些不连贯的字句。她一直讲了几个小时，除非给她吃镇静药才能稍停。医院对此病象感到毫无办法，遂请教于温德塞医生。只见他看了一眼病人的情况，随后便用一把消过毒的解剖刀在受伤露出的那块脑子上轻轻按住，那位妇人正说到一句话的中间便突然不语，她的嘴巴却还在张着。温德塞说，这正是她的语言神经中枢所在，因为受一片撞伤的骨头所压，于是便有了这种奇特的现象。他遂用夹钳把那片碎骨夹出，那位讲话不停的妇人从此便安静了下来。

因此你可以明白，我们确实有根据说，一般人如果有一双凸出的眼睛，必定更好讲话。

那么，一向沉默寡言只听别人讲话的人又是怎样的呢？我们该如何去鉴别这种人呢？我们怎样才能观察那些无论对方表示什么意见他也不爱答话的人？这其实非常简单。

眼珠深陷在眼眶里的人，往往是喜欢静默并很少讲话的人。他们常常没有什么话讲。林肯的个性可由他那深凹的眼睛同天赋的不凡的智慧中看出来。试看他的每幅照片，既高且宽的前额，突出的颧骨愈显得两眼深入。他有一个极为显著的智慧聪明与异常缄默的相貌。林肯却又是世界上的大演讲家之一。他有着用极少的字句表达自己观点的惊人才能。试读那《解放黑奴宣言》和那著名的葛底斯堡演说，简短得在一张破纸上就能写全，不到五分钟就讲完了，聪明与沉静！智慧与简洁！有力与静默！多么令人羡慕的个性！

我们接下来还将学习到，从别的易观察的个性现象上得知一个人的谈话内容。自私心重的人所谈的总是关于他自己。如果一个人是金钱商业天性非常发达的人，他一般总是喜欢谈钱和怎样取得；若是宗教意识强的人，自然适合于去当传教士；理解或其他智力功能发达的人，谈吐则极有思想条理；皮肤生得细嫩的人讲话通常比较文雅，而皮肤粗糙肌肉粗壮的人往往在讲话时比较粗糙、有力。

第 6 章

你是能干的人，还是懒惰的人？

你愿意在一个月内增加几百元的收入吗？有一个人就曾有过这样的收获。阿弗瑞最近曾写信给我，信上写道："巴尔肯先生，我要向你致谢。我最近在商品推销上业绩颇佳，以前一个月才得以一见的进展，这次只隔了一星期就获得了。这完全是由于我学习了个性分析法并且应用于推销上的结果。这完全是你帮助我在一个月内增加了200元的收入。我把你的理论应用到了顾客身上。例如，我已经学会了如何把货卖给一位皮肤粗糙、有主见、具有高前额的主顾。我真的非常感激你。"

在他供职的公司的所有推销员里，阿弗瑞的成绩原来位于第21名，现在已经上升至第2名了。我要向读者们说明的是，我并不是只给你们空洞的鼓励，因为科学的个性分析法已经被证明是有效的、可以增加你的收入的工具。阿弗瑞使用它之后，在一个月内增加了200元的进项。还有很多学习了它的人，不但增加了他们的收入，还增加了快乐。那么，你使用它了吗？

现在，让我们进一步去了解我们自己以及别人。这一次我们来观察鼻子。鼻子是我们脸上最显著的部分，它代表着很多事物。

你是否留心过非洲人的鼻子？他们的鼻子是短的，呈扁形，鼻孔宽而大，直通肺部。我们叫这种扁鼻子为凹入形的。它是由于非洲人住在热带而形成的。与此相反，大自然使得居住在寒冷地域的人们，如盎格鲁—撒克逊人的鼻子样式大不相同。大自然使得他们的鼻子长得比较长，从而能使稀薄的冷空气进入鼻孔之后，在鼻腔中预热一下，然后才被吸入肺中。

你也许已经知道，氧气是能量形成的主要动力。火车头的煤与氧气燃着了，才能使蒸汽机前进。氧气与汽油混合燃烧才能使汽车飞驰。另外，正是氧气与你的血液和体内养分相混合才使你能行动。换言之，能吸进大量氧气的人，比较起来，往往是最有能量的人。

你平常总是懒惰吗？你时常感到疲倦吗？那么请练习深呼吸。当你在街上行走之际，可以经常地每吸一口气就迈七步，呼出一口气也走七步，如此反复地做。练习深呼吸法，这是我所知道的培养活动能力的最简易的秘诀之一。

让我们仍然回来讲人的鼻子。你在大街上可以一眼就看出什么样的人容易患感冒，鼻子不通气或者支气管炎等病吗？只需注意他的鼻子。他是否有一个小而窄、压扁、苍白得像是饥饿了的鼻子？这绝对表示他比较懒惰，肺部的功能比较弱。每逢你遇见一个人长着一只往后凹进的鼻子，没有鼻梁，像是被压扁了似的，这表示此人缺乏创造力，缺乏力量，缺乏奋斗力。这种人浅薄且懒惰。这也是他们消极、不能干的主要原因。他缺乏决断能力，他到处走来走去，他容易急躁发怒，但最终还是一事无成。

相反，当你看见一个鼻梁凸出的罗马人的鼻子，且鼻孔极深，你就可以判定这个人的性情活泼，不愿闲着，喜欢奋斗，进取，且有活力。他需要做事情。他也许会做不好的事情，但他总是要做点什么。老罗斯福就是这样的鼻子，他是个非常好动的人。凑巧的是古今历代的统兵大将，自汉尼拔、恺撒，到福煦与波星大将，他们的鼻子都是凸出、高耸的罗马式鼻子。就我个人所知道的还没有过一个例外，你能举出一个长着一只小而凹入的鼻子的成名将军吗？

还有一点是确切的，就是凡是长着高鼻梁凸出鼻子的男人或女子往往都爱好辩论，实际上是他（她）宁可不吃饭，也要赢得辩论的胜利。我常常看见愚笨的售货员同这样的人去辩论。有的售货员能驳倒这种人，但在售货上却失败了。遇到这种情形我要建议的是，首先，你最好是赞同你的好辩的朋友的意见，然后转移到你所打算说的事情上。每当这种好斗的顾客说某种货品不好甚至坏极了的时候，你不要跟他辩驳，而应该说："是的，你的高见极对，不过，最近我们对这种产品很用心地加以改良了，你不妨再试用一次？"先赞同他，然后再说你想说的。

现在你已经知道，生着凹入形与凸出形鼻子的人的一些个性了。可是，鼻子直长、细而凸出的人是什么样的个性呢？这种鼻子被命名为希腊型。你不妨留心看看维纳斯雕像的鼻子。长着这种鼻子的人，往往富有艺术力，爱美，擅理想，极其喜好美善的事物，渴求美的事物，并且假如他不能得到这些，或不能在非常好的环境中工作，他便可能成为可悲的不适宜者——像一根圆孔中的方木头。

再者，你见到过鼻子尖向下扁的人吗？哈，他多半是一个悲观者，他满心严肃，时常抑郁愤世。他觉得样样事情都不好，情况只会越来越糟，社会的一切都要毁灭，这些都是他常常念叨的葬歌！对付这种人的唯一方法就是，不要以过度的乐观去劝慰他，只需设法打动他，使他感觉到一切并不像他所想的那样不可救药。总之，你最好去减轻他的悲观程度。

当然，还有一种是极为乐观的人，他们的鼻子尖往往是向上翻的。鼻子尖往上翻的人在一分钟内所问你的问题，恐怕是你一个月也回答不完的。几乎每一个小孩子的鼻尖都是向上翻的，还有比小孩子更好问的吗？成年人若有这样的鼻子，则表示他很好问而且永远是乐观的，这样的人大多容易被引导去购买货物商品，售货员应当知道与他们交易是最容易的。

让我们总结一下。

　　一个高鼻梁、罗马式凸出的鼻子表示的是什么个性呢?
是有力量,能干,好斗,好辩。

　　凹入的扁鼻子代表什么性格呢?是消极或缺乏能力。

　　鼻子窄而且笔直的希腊维纳斯型的呢?艺术欣赏家,喜
好美的事物。

　　鼻尖压扁的呢?是抑郁,严肃,悲观。

　　鼻尖向上的呢?是好问,乐观。

　　切记,鼻子的用处并不仅仅是为了发挥嗅觉功能,尤
其是大象的鼻子。

第 7 章

下巴的形状与个性

　　最近我分析了几位奇特的人物：一个管无线电的人，一个曾犯过罪的人，两个歌女，一个电影明星，一个警察长。而我最后的这个被分析者，却代表了一种新的经验。裘丽雅是一位沿海守卫官的女儿，裘丽雅的父亲驻守在太平洋岸边一个风浪险恶的地角，许多船只都曾在这附近遇险。母亲去世之后，她便替她父亲在一个小村上管事。

　　"我今年 26 岁了，"她说，"人们都说我长得很美。我居住在这个偏僻之地，因此很少有与外人接触的机会，不过，我父亲的两个下属会经常来看我。我对待这两个人的态度完全一样。同时，我也观察分析了一下他们，结果发现他们二人各有一个特别之处，令我觉得非常有趣。他们之中有一个人的下巴是长、方、突出的，另一个人的下巴却是向后缩进的。这表示了什么呢？"

　　哈哈，裘丽雅的这个问题其实很容易解答。一个人的下巴表示执著、勇敢、决断，另一个人的下巴则表示容易兴奋与激动。

　　那么，读者你愿意知道哪种形状代表的是哪一类人吗？让我先来讲讲有一天在世界上最繁华的纽约 42 号街同 5 号街转角处所见到的一件事情吧。这一天，有一位瘦小的老妇人待在便道上，由于恐惧几乎都被吓傻了。只见道路上公共汽车往来如梭，喇叭齐鸣，行人往来迅速，电车飞驰，路警的笛子时时在吹着，真是好一派繁忙的景象。那位老太太则被这种喧哗震动得头晕目眩，并且（注意此点）她的下巴不停地在颤抖。我正想上前去扶她一下，旁边有一个小伙子却越过我抢先上前去扶住了她。而这一点最有趣——当他拉住她的胳臂时，那位老妇人的下巴立刻不再颤抖了。

这又该如何去解释呢？其实是这样：人的消极情感如怯懦、惧怕（或积极情感如执着、勇敢）同人的下巴的生理构造及动作之间有着密切的关联。每位生理学家都知道心脏的神经末梢延伸至下巴里面，简单地说就是，人体中的一种神经网是从心脏附近起始，然后经过肌肉而分散到下巴。不仅生理学家明白这一点，拳击家也很清楚这一点。每个打拳击的人都知道他的下巴是最容易被攻击的弱点。一个人的下巴左边或右边突然被重击一拳之后，他的反应动作必定是先用手去保护他的心脏部位，然后是朝前倾倒。久经战场的老军人，也都知道士兵的下巴或心脏被枪弹击中时，他都是先用手抚心然后向前栽倒在地的。

你很快就能在观察与比较中明白，无论男女，如果其下牙床是大而突出的，也就是凹入形的下巴，那么他的心脏往往会跳动得非常有力，坚实，稳定。心的跳动既然坚实有力，这个人就更勇敢，执着，有耐性。同时，这种人还能深思熟虑，善于掌控自己的行动。

这种牙床突出、外形凹入的下巴，叫做有决断的下巴。凡是下巴凹入的人大都能坚持忍耐。假如你的下巴也是这样，那么你的意志力通常特别强，换言之你通常很固执。

那些向后缩的下巴，我们称之为凸出形的下巴。一知半解的个性分析者，可能会说这种下巴的人应该是怯弱的人，其实并不尽然。例如美国青年网球家布奇、罗斯福夫人等都是凸出形的下巴，他们就拥有积极的个性。然而，这种短下巴的人，其心跳必定是忽缓忽急呈兴奋状。他们的心跳次数较多，因此他们容易冲动激奋。他们往往敏捷机灵、深刻、易反应。这种短而凸出形下巴的人，比起下巴凹入而且不易动情感的人，是比较容易激动和被刺激的。假如你需要聘用一个行动敏捷的人，或者手工熟练的人，你应当选择一位下巴短而凸出形的人。

我们不妨用事实来测试一下心脏与牙床之间的关联作用。姑且以"恐惧的感觉"为例。你曾经确切地被惊吓过吗？假如受过惊吓，你一定会很容易就想起当时你的心跳突然停止了一次，你对浑身的肌肉全都失去了操纵力，你的膝盖颤抖，两腿发软，你的下巴下落，两手抓着胸口，你的脸变得惨白，牙齿打颤——所有这些现象都是因为心

脏活动突然被搅乱了，血脉暂时不能流通到末端，下巴就是血脉循环的末端之一。

那么，让我们来看一看下面这些事实对你是否有帮助。一位专门的个性分析家对你作职业审查、为你选择职业时，他首先需要知道的是，你是能忍耐还是急躁，是动作敏捷还是缓慢，是易受冲动还是坚稳自持。这些因素与你的职业大有关系，并且是判断你最适宜做哪一种事业的关键之处。

有雄心而聪明的售货员也应当知道下巴所代表的个性，并利用这种知识去迎合买主的购买动机。下巴短而向后回缩的顾客是动作敏捷的，聪明的店员对于这类的买主用不着多费唇舌去劝诱购买。他可以把货品拿出来让买主看一看，然后几句话就能成交。事实上，假如在他头一两次看完货却不买的时候，你就可以断言，以后他也不会买。因为他一定是没有钱或者购买能力不足。

假如你遇到的顾客是长而细小的下巴，你最好耐着点性子多费点时间。这种人最习惯于慎重考虑问题，他不会急着去作决定。来看一次后，回头还要再来看。你一定要有耐心，千万不可着急，记住，下巴愈是向前伸长的买主愈是谨慎考虑者，他买一件东西是要再三地斟酌考虑的，他不会立刻拿定主意买走。售货员遇见这类主顾时，切勿急躁，切勿鲁莽，要和和气气地慢慢劝他购买。

上凸出下凹进面型

积极意向——思想快而行动慎重，重实际，有魄力，富领

袖执行才干。

消极意向——略显专制、操纵与固执。

上凹进下凸出面型

积极意向——思想审慎而行动快，手艺精巧。

消极意向——不实际，易激动，缺乏领悟力与忍耐力。

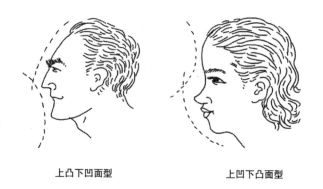

上凸下凹面型　　　　　　　　上凹下凸面型

总的来说，下巴长而前突呈凹形者，其个性往往固
执，忍耐，坚决，并能约束自己的言行。下巴向后收而呈
凸形的人往往个性敏捷爽快，易受冲动。假如你看到一位
短得没有下巴的人，你便该知道他是一个极容易冲动的人。

因此，如果你有兴趣衡量你自己的能力并想增加你的
收入，你可以应用这一章所讲下巴与个性的知识，去选择

适合你自己的职业，或帮助别人择业。

最后，让我们作一个测验。先去拿一张墨索里尼的照片，再去拿一张罗斯福太太的照片相比较。一个是十足凹形的下巴，另一个正是凸形的。他们的下巴所代表的不同个性是什么呢？

最后，让我们记住这句话："当你知道一个人的姓名，你其实什么也不知道——他的个性、心地、目标。但是当你端详一个人的面貌时，你却可以像看一本书一样，尽知他的心。"

第 8 章

你的侧面形象说明了什么？

几年前，在凯雷先生发表的一篇关于智慧的论文中，有一句极为简洁而有力的话："一个人如果懂得一种方法或技巧，就不但能寻求到事物的本质，而且还能利用身边的事物，因此，他往往能成为一个出人头地的不平凡的人。"出人头地也就是事业成功。

现在，我敢打赌说，桃鲁雅虽然只是一个20岁的姑娘，但不久之后也许就会被某画报用作封面女郎，大出风头，因为她会利用她所获得的知识。她曾给我来过一封信："巴尔肯先生，一个月前我曾在某家报纸上，读到你在几家报纸杂志上同时刊登的一段故事，说怎样就能一看便知道某人是否爱讲话。尽管我没能明白全文的意思，但是，我记住了其中的一点，那就是眼凸出的人必定喜欢多讲话。我是某美容室修指甲的女职员，上个礼拜我决心想试用一下你所说的。有个姓金的先生，是某家剧院的老板，总来我们店里修指甲，跟我们的职员很熟，但很多人见到他时都会躲闪他，并骂他是讨厌鬼。我注意了一下，发现他的眼睛是凸出的。有一天，他来到我的桌前，我便问了他许多问题，并不是开玩笑的而是很正经地问。内容有关于他所排的剧本、他的家事等。果然，他一讲起来就没完没了，几乎把他一生的经历全都告诉了我，直到他的指甲已被修完，他还在说个不停。不过最后，他答应给我一个机会，让我在他所排的歌舞剧中试着扮演一位歌女。我今天写信告诉你这件事，是因为正是你的那篇文章，使我做了这么一个试验。然后获得了一个机会。"

桃鲁雅，这就是聪明智慧，你将使自己的收入增加无数！你的能力地位将不断提升！

现在，我们可以把已经学过的几种事实知识联系到一起，并利用它们去做更新和更有利的试验，用在我们自身以及与我们相识的人身上。

我们已经讨论过前额、眼、鼻、下巴所代表的种种性格，我已经说过为什么两眼凸出的人爱讲话，为什么下巴短且向后收进的人易冲动，我也为你证明过高鼻梁罗马式的鼻子的人个性积极，你也已经知道了眼睛深陷的人性格沉静，前额上端突出眉间的人是理想家与梦想者，鼻子向后倾的人可能缺乏能力。

现在我们接着讲科学个性分析的第二步。我们首先试着运用所有已知的几点去获得一些结论。第一步也是看看我们自己然后再看看别人，给你自己与你的朋友照几张侧面像，细看此刻与你在一起的人的侧面形状。看清楚了，有人的前额是从眼眉处起很明显向后坡去吗？它往后倾斜吗？假如是这样，这便是个性分析家叫做凸出形的前额，换言之，它的形状如同从旁边看的车轮边沿，但是这种向后坡斜的前额代表什么性格呢？往往是思维敏捷，洞察力强，这种人不会犹疑不定。这些都是科学的事实，我对这个学问已经研究了 25 年，至今我还不曾遇到过违反此事实的例外。

现在我们再来看看鼻子，它也是高鼻梁，向外呈曲线——也如同从侧面看的单车轮吗？哈，这也是凸出形的鼻子，是有力、进取、好争辩的确切表示，还有下巴——它是明显缩近颈项吗？哈，这叫做凸出形下巴——所代表的是易冲动，且行动敏捷。

以上所述的是侧面凸出形面容的代表，各部分都是凸出的，前额后斜，鼻子突出外弯，下巴短缩。从整个侧面来看时，各部分组成的整个凸出形也如同一个从侧面去看的轮子。这种人天生就一切都讲求快，他的性格就如同在弦之箭，一触即发。

这种面容凸出的人最容易交往，并且对于他们自己和别人都是最有益时，无论是在工作时思考时还是行动时，都是非常快的。他们就像飞毛腿，有时候太快了，他们的大难题常常是怎样约束自己的冲动和太过积极，而且米粒大的事情也要争辩。但是，大多数职业都需要创造力、活动、敏捷、机警和眼力，所以我喜欢这种人，有经验的人事经理与择业顾问也极为推崇这种类型的人。

还有侧面尖、脸如箭头的凸面型面貌的人。这种人比较适合动作麻利、行动迅速的职业。他们在凡是适合于利用他们那快的思想、实际性、领悟力、急进热心、能干、机警、敏捷的工作上，往往都能做得很好。他们愿意从事广告业、体育事业、建筑、探险、新闻记者、法官律师、实业制造、商品推销、舞台技师、政治活动、演戏以及工业运输等行业。上述所列出的只是职业的门类，后面我们将会详尽地解释哪一种人适合做哪一种事业。

现在，让我们回过头来谈谈与这种类型相反的类型，即凹面型的人的性格。凹面型就如同车轮一截的侧面，但却是从车轮里边看，或者像是一勾弯月的里面，或者就像是一根弯的香蕉。因此凹面型的前额是在接近头发的额顶突出，眼眉处平坦，鼻梁陷入，下巴伸出。

这种面型的男女大多是缓慢性格的。可称他们为慢车先生。他们说话慢，思想慢，行动也慢。他们不能被催促加快，虽然他们自己也想快。事实上这种人需要加以改善的弱点就是他们的言行开端太胶着缓慢，假如你是这种深思熟虑的凹面型的人，应当时时鞭策你自己。你需要这个。你缺少的就是自己发动。诚然你有脾气很好、人性善良、态度温和、有忍耐性等优点，但是凭良心说你是否有些懒惰，你一大清早是否就摸摸索索的一点事也未做成？你每个星期是否都耗费了许多时间，却还没有开始做一件事情？

现在让我们谈凹面型的人最适合做的事情。你应当做需要忍耐、平和、谨慎、熟思、持久的工作。这类工作很多，而且等我们再往后讲，尤其讲到其他的形体特征，则更可趋于专一化。但概括起来不外乎如下几种：创造性的工作、作家、文书工作、教育、旅馆饭店业、法律顾问类、音乐、传教与社会事业等。

谈到一个人如何找到适合于自己的工作，我们也许会注意到最近发生的一件让人感到奇怪的事情。

几个月前，长岛报纸上刊登说，当地的一个居民突然遇到了致命的危险。之前，他的咽喉曾因病开过刀，并由医生给他配了一根二寸长的银管子放在嗓子里以帮助呼吸。在一个冬天的夜里，这根银管子忽然下滑到了他的气管里，导致他窒息得既说不出话来又喘不过气来。这个不幸的人倒在了大街的雪堆上，一群人围着他看，但都对他爱莫能助。这时候，有一个年轻的巡警走过来推开众人。虽然他对医道一点都不懂，但是当他看到那个急得要死的人用手指频频指着自己喉咙上的一个开口，并发现从那里还在断断续续地发出一点呼吸，但那个开口被那根掉进去的银管子塞住了，便立刻想到了应该怎么办。只见他取出了他的钢笔，摘下了他的手枪，用枪把将钢笔敲碎，取出了里边的橡皮管，用手巾拭干净，然后放到了那个人喉咙的开口处。效果非常明显,那个病人立刻便呼吸自如了。这个临时的"气管工"一直等到医院的救护车来了,才把病人交给了医生处理。医生迅速把那根银管子取出来,安装回了原处。这个病人因而得救。

在这个案例里,巡警的做法就是思想和行动敏捷的最好表现。世界上有许多工作需要如此的敏捷特性,这类的事情也是我们真有这种特长本领时所会经常遇到的。

在科学个性分析法上,每一种你想得出的面型或者是混合型的人都有。现在,你已经学过了纯粹的凸面型的男女性格——思维敏捷,行动迅速。你也学过了关于纯凹面型的男女性格——思想迟钝,行动缓慢。

那么,这两类以外的人的性格又该是如何呢?长着直或平面的前额、眼、鼻、嘴、下巴的人的性格又是怎样的呢?这样的人,他们的侧面形状往往是平的。

平直面型

平直面型

积极意向——介于深思和好动之间

消极意向——易趋于迟疑不决

平直面型的人——他们的脸与脊椎呈平行线——所代表的性格正好介于纯凸面型的好冲动者与纯凹面型的惯迟疑者之间。这种人时常需要接受督促才能去做更积极的事情。

然后我们再说说混合型的。最常见的是侧面上端凹进下端凸出面型的人。其实，我们每个人刚生下来时都曾一度是这样的面型，因为每个婴儿的脑门都是突出的，而眼眉平坦，鼻子扁进，嘴唇伸出，下巴收入——这恰恰是上凹进下凸出面型的特点。

你若看见这种面型的成年人，你通常可以判定他是思想慢而行动快的人。这些人往往是先去做而后想的。他们的借口常常是"我没有想"——这是一点也不假的。这种人需要很长的时间才能在心中作出决定。他们时常心不在焉，不细心，不实际。他们的精力不足，但行动却极快而且易冲动。千万不要给这种人安排需要决断、负责、劳心力或重实际的工作。事实上，我没有见过哪一个行业的能干的首脑人物是这种面型的人。

当然，他们在某些工作上也能取得令人满意的成绩，例如需要精巧的手艺和技能的工作，打字、包装等机械工作，宝石匠、园艺师与某些零售工作，但他们必须被一个能干的执行者时时加以监督。

现在这里是一个极有趣的个性分析的试验。假如你去收集世界名人的相片，把美国历任总统的侧面面型作逐一比较，你会发现一个很惊人的现象。几乎全无例外地，他们每个人的侧面都是上端凸出下端凹进。这是最理想的行政人物型。

前额后倾呈凸面型的人多数注重实际，有观察力，敏捷，思想善决断。嘴及下巴长而形成凹面型的人行动慎重，能自我控制，并且坚毅能忍。

这种人是想得快而行动慢。他或她会习惯地说："我明白你的意见，我明天会回答你的。"

聪明人——真正懂得科学个性分析的人——决不会立刻强迫这种人改变性格。反之，他会拿出自己的智慧来，利用这种人的个性："好极了，明天上午十点我再来看你，成吗？"

养成分析你自己的习惯。忘掉你过去的失败，一个人心中若是装满了过去的回忆，则会很容易变老；若是装满了希望与幻想，则很容易成为空想家；但若是装满决断与一定的目标，则更有可能取得较大成就！

总结之前所述，人们的面貌形状不外乎凸面型、凹面型、平直面型或混合型。假如你对自己的面型不能断定，那你可以问你的朋友，或用镜子照，或看你映射在墙上的影子，或是拍一张侧面的相片。

现将各种面貌形象的各种性格与更适合做的职业分列于下：

凸面型——前额后倾，眼眉高出，高鼻梁，唇突出，下巴短缩。积极性格与优点：思想快，富观察力和创

造性，行动敏捷。消极性格或弱点：常趋尖刻讥嘲，易怒与好动，缺乏忍耐持久性。职业所宜：需要重实际与速度的工作。

凹面型——前额上端凸出，眼眉平或陷入，鼻子低洼，唇短缩，下巴突出。积极性格与优点：喜思考，态度温和，忍耐，思想与行动均注重。消极性格或弱点：太迟缓，易趋不实际，懒惰与固执。职业所宜：需要审慎、忍耐、坚毅的工作。

平直面型——前额平直，直鼻子，嘴与下巴均平直。积极性格：介于思想与好动之间。消极性格：易趋犹豫不决。职业所宜：需要平均能力行动的工作。

上凸下凹面型——前额后倾，眼眉高出，高鼻梁，嘴唇短缩，下巴长而突出。优点：思想快，重实际，有精力，行动慎重自持。弱点：略趋专制、固执。职业所宜：富领袖执行能力，需要能干、负责与判断的工作。

上凹下凸面型——前额上端凸出，眼眉平或陷入，鼻子低洼，唇突出，下巴短缩。优点：思想审慎，勤快，手艺精巧。弱点：不实际，好冲动，缺乏领悟力和耐性。职业所宜：需要敏捷手艺但非太实际或思想快的工作。

第 9 章

你是一位思想家、实干家还是管理者？

最难约束的事情之一就是人类喜欢干预的天性，特别是在我们知道自己确实是对的时候。因此，当我认识的一对夫妇高傲地对我说，他们是怎样迫令11岁的儿子出去和别的孩子玩儿时，我咬紧了牙没有说话。

我了解他们对于自己孩子的关心。他不太结实，还有点体重不足，他太好念书，厌恶剧烈运动。但是他的父母硬是想把他纠正到另一面。他是属于智慧型的——是一个十足的思想者。虽然父亲在大学时期是划船好手，母亲每到周日便会去打高尔夫球，但其实他们没必要使儿子也成为运动健将。强迫他去踢足球对他只能是一种痛苦。其实，只要在公园里散散步或去游半个小时泳，就足以供给他所必需的新鲜空气与活动。对于这种情况，现代心理学家往往会对这种父母建议：要和缓，不要在体力方面强迫他去做或者强行训练他的体格，否则很容易损伤他的神经系统，最终的结果只能是，既成不了思想家也成不了实干家。

在这里，我将告诉你如何去避免类似的错误，怎样确切无误地知道男女或者儿童是智慧的、聪明的还是精明的，是思想家、实干家还是管理者。

数年前，我分析过一位来自欧洲的年轻人。这个人初来纽约后，迫于生计只能当裁缝以赚一点吃饭钱。但是，他对这种工作极为厌恶，所以数年之后他来问我，能否有办法让他脱离这种痛苦的岁月，另找适宜的工作。他知道自己的脑力要比一起工作的每个同事都强很多，但他再努力还是逃不开这个"可怕的"工作。

我一看便立刻知道他是一位很优秀的智慧型的人。他的头很大，前额高而且宽，两颊窄而陷入，下巴伸出，小身量，手指尖削，手脚均小，声音高而尖。他的体质略弱而智力很高。这就是一位真正的思想家型的人。他缺乏交际能力，因此他不适合于当医生、传教士或者教育家。他亦不适于艺术，他没有作家、艺术家或者设计家的天赋。然而他却有惊人的领悟力、敏锐的观察力以及极好的推理与批评能力，并且有一个罕见的全神贯注的特长。

智慧型

积极意向——思想灵活，智慧，喜读书，勤奋，富推理力。

消极意向——体质软弱，缺乏活力，故易趋懒惰。

智慧型

当时我曾翻开我的研究案卷——其中已详列了 1602 种不同的职业，看一看哪一种最能发挥他的特长而又能避免他的弱点。经过详细审慎的诊断之后,我劝他破釜沉舟及早改行以免太迟。我劝他去学习植物病理学,研究植物的各种病理。他接受了这个建议。

就这样,他去了一家很好的农业学校(密歇根农业专科学校),刚开始时还干着裁缝的活儿以维持生活,后来他成为这个专业领域里最成功的一个。虽然他并没有发财,但却很快乐。他成功是因为他做的是自己喜欢的工作。这是一切快乐的精髓所在。

我怎样知道他是智慧型或思想家型的人呢?假如你看见他时你怎么能断定呢?简单地说,是因为我懂得人体构造的第二种特征。大概说来,可以将人分为三种构造不同的类型:

第一,思想家或智慧型(这种人往往好深思、创造、计划、推理、写作、筹策、发明与设计)。

第二,实干家型(这种人喜欢用他的手和身体,实际去做或执行思想家所计划的事情)。

第三,精干或管理者型(这种人适合监督或资助思想家与实干家的工作)。

我再进一步仔细地告诉你怎样去辨认智慧型的人。假如你是属于智慧型的人,你定有一个大的脑子,脸与身体却比较小。你看见过英国籍的电影童星巴塞罗密吧?请注意看,他就是智慧型的最好代表。还有女星苏佩兹、女星玛丽·郝余丝都是这种类型的。再看看设计出米老鼠等漫画的天才画家迪斯尼，再留心观察你的朋友，特别是艺术家、作家、哲学家、教授、广告师、会计师等脑力工作者，你立刻可以看出他们大多皆是：（1）头大、前额高而宽；（2）脸小、鼻子细、下巴突出；（3）体质文弱；（4）削肩膀；（5）手指细长；（6）嗓音尖而高。

最简易辨认这种类型的人的方法就是：他们的脸像一只梨倒置着，梨把向下。这不是很容易看吗？没错！梨形面孔，头大，脸与身子较小，这是极端的智慧型的人。这种人喜欢用脑子，因为比较说来他的脑子是全身结构中最大的一部分。

试看一下威尔逊总统的相片，还有莎士比亚、爱伦·坡、斯蒂芬孙、萧伯纳、皮特瑞斯基、爱因斯坦以及影星李斯廉·霍华——他们都是喜用思想、计划的智慧型人物，脸部形状像一个倒三角形。

假如你也是这种人，你多半是在智力上灵活而身体上懒惰，你极喜欢做脑力工作，甚而厌恶体力工作。

在艺术室、音乐厅，你很容易就能见到这一类人，在学校里，和你一起上课的同学中成绩优异者里也能找到这一类人。在办公室里，这种类型的人往往做着用脑的工作。在实验室内，在广告部以及在统计室里也能看见他们。

这类人喜好读书学习，假如你有一个这样的孩子，务必设法供他到大学毕业并谋求让他深造。我当然不能太勉强你去这样做，但是人生中最悲惨的事情就是，把智慧型的人或思想家早早地从学校踢出去而未能让他更多地接受教育。你会发现他们总是怀才不遇，郁郁寡欢，对人生不满意，对社会很失望。因为他们的智力并没得到充分的训练，却经常被迫去做体力劳动，而因为他们的体力多不强健，所以才会厌恶这种工作。完全的挫败感和一事无成，使得他们厌世或愤世嫉俗，报复社会。很多事实证明，他们往往会为了逃避现状而堕落犯罪。他们享受不到用智力去工作的乐趣，因为他们的脑子并没有获得发展的机会。

如果你有一个爱看书、爱计划、爱幻想的孩子，你是经常督促他出去与同伴们踢球，做跑腿的工作，收拾屋内的工作，伐木头或者其他劳力的工作，而不给他一个充分运用智力的机会吗？假如是这样，你最好从现在开始就停止，并且感谢老天，因为现在开始让孩子走适合他的路尚不太晚！假如他是这种如梨形的脸，身体文弱，那么就应该让他去读书，做计划，鼓励他的学业。如此，他就能不断增进其优秀的智慧和才力。当然，他也必须有适当的体育运动和休息，以保持他的体力。

假如你自己是这样的人，就应该避免那些过分消耗体力的工作，同时也不能忽略你的身体成长，脑子特别大的人的身体也必须保持健康。假如你的丈夫是这一类的人，就不要再让他帮你收拾家庭琐物。你屋里的桌椅坏了水管裂了也别派你的丈夫去修理，你的快乐全在任由你的丈夫用他的脑子而少用他的肌肉上面。假如你的朋友是梨形的头，上大下小，就让他去读书，静听并鼓励他的理想。有一天他会创造出一种极有价值的事业。

现在我们已经懂得了如何去认识与衡量智慧型的人的能力。那么，让我们再讨论一种个性分析的征象，就是我们所要知道的好动的、富有动力的、实干家型的人。

一位智慧型的女子嫁给了一位好动的男子，某天她前来对我说："巴尔肯先生，我丈夫是一位采矿工程师。他每天工作都很累，本来晚上回家后他就应该安静地休息了，但他却不这样，他永远要做这做那的。他在屋里瞎忙，总是不能让自己安静下来。若没有一点事可做时，他便会说'我们坐车到朋友家去玩吧'，或者说'我们出去散散步好吗？'"

"现在我唯一的工作就是管理家务和看着我四岁的女儿。但是巴尔肯先生，这一点点事情就把我累坏了。每到晚上我就只想着躺到床上，然后拿一本书看。这些情形对你来说也许很琐细，但却使得我俩都过得很不快活很不美满。你是见过我丈夫吉米的。你对我们有什么好的见解指教吗？"

从个性分析的观点来讲，这位丈夫正是我们将要在本章里讨论的最纯粹的好动型的人。他的形体构造正表示着他是一个好动型的人，一点矛盾的形状也没有，同时这位太太则是十足的文弱勤读的智慧型的人。她憎恶体力劳动，然而她丈夫却认为那是生活的必需。对此问题的解答就是所有美满婚姻必遵的信条——予取予给。比如，你平常可以多陪他干点体力活，也劝你丈夫多休息和少劳作，这样你们二人就能平均一点，从而使彼此都感觉愉快了。

当然，也许你还有更好的办法。一位聪明的女人会烙饼也会吃。设法为这种类型的丈夫找一种嗜好可以使他在家里忙于动作。例如造家具、造船模型、照相或泥墙等工作。许多工程师都是这样而成了极为手巧的业余雕刻家。

下边是这种个性分析的要诀，欲在你的家里或朋友当中找出这种极端好动型的人就要注意：（1）方形嘴巴；（2）方形前额上端；（3）颧骨突出；（4）高鼻梁；（5）嗓音深沉；（6）肌肉骨骼显著——大手大脚；（7）肩宽而方，手亦方形。

你见过林肯或格兰特将军的相片吗？林肯是高而有棱角，格兰特是矮而胖，但你也能看出，他们都是方下巴，颧骨突出，鼻子高瘦，而前额上端是方形的，肩与手也是方形的，他们脸与身体的构造也都是方的。

你自己也是一位这种肌肉骨骼都是四方形的人吗？那说明你也是一位好动的实干家。我对你的劝告是，要让自己总在做一些动作。不要总被围于室内做日常性的工作，或是从事那些需要时时读书、抄写或被束缚在办公桌上的呆板工作。做你天性喜欢的工作如建筑、制造、采矿、植树、工业或航运吧。这种使用体力的欲望，可以把好动的人"锻造"成探险家、军人或运动健将。

好动型

积极意向——独立，精力充足，富创造性，喜户外生活，喜自由，爱运动。

消极意向——精力不集中，不喜读书。

好动型

出名的足球健将或者各种运动冠军都是好动型的人。例如拳王乔·路易、薛墨林，网球家铁尔登、布奇、瓦因斯、潘雷等人。

好动型的人在男子中居多，在女子中较少。因为男性天生比女性好动。但是你若看见一个好动的女人，她也是一样地喜欢自由、独立、好动、精力充沛、喜爱体育，如女飞行家、游泳家、网球家莫迪夫人，这样的女子都是肌肉骨骼结构坚实，充满活力的。

你的孩子是这种好动型的吗？那么他的智力方面也许略差。他也许会稍不如意便逃学。他不愿意天天被关在教室里，但他必须发展他的智力并接受相当的教育，否则他将只能成为一个出卖劳动力的工人。在许多的实例中，一个掘沟的工人同一个土木工程师的不同，仅仅是智力训练的有无而已。

这里有一个青年的实例。他本来是一艘运货船上的水手，做着擦船甲板、拭铜活等粗重工作。六年前他来让我替他作职业分析。他对于原有的工作觉得很无趣而打算改行。我劝他不要放弃水上生活，但同时不妨到一个航运学校去读点书——算术、工程等。而今，这个青年已经当上了一艘水果运输船的小官，他感觉非常愉快。

总结起来说：这种好动的、方脸的、肌肉骨骼均显露坚实的男人或女人往往都是不好安静的、活泼的、有力的、独立的、喜机械的、好运动的，喜户外生活，爱自由与勤奋。他们不怕受苦，但却时常忽略学业。他们的体力充沛，活泼好动，脑力却懒惰。他们的身体很能耐劳，但却不易精神集中。那些好动的人，要看清这些弱点，记住我们需要你们的骨骼肌肉与活动力，但你们也适当发展自己的智力，我建议你们认真考虑以下几种职业：运输、铁路、航空、建筑、探险、机械、农业、航运、制造、体育、销售等，但是不要仅仅以此衡量你的能力，不可以只当一个奉献劳力的工人。你应该使自己这种奇特的好动性格得以平衡，训练你的脑力并成为一个思想家兼实干家。

这里想让这种好动的、肌肉骨骼坚实的人认识一个事实。贾利是轮胎公司的推销员，他很能干，销售业绩也很好，但是有一位顾客却极难对付。贾利屡次去拜访他，结果都未成功，他仍然在买别家公司的轮胎。我有一次被贾利的公司经理邀请去为他的职员们讲怎样应用个性分析法推销商品。在演讲中我曾形容过这种好动型的人。贾利很注意地听完，之后说道："那个人的面貌形状正是如此。巴尔肯先生，我怎样能劝说并打动这种类型的顾客呢？"

"贾利先生，这很容易。这种人酷爱户外生活。他喜爱运动型的游戏如打猎、钓鱼、打球等。他们懂得机械制造。他们特别会对你公司良好的信用、地位和服务留下较深的印象。"

贾利答道："对极了，下次我再遇见他时一定要试验一下。"贾利果然这样做了。他谈棒球、足球、划船，但对方好像仍没有反应。后来，他说："郊外打猎很有意思吧？带着枪和猎犬。"那人淡然回答道："啊，我对打猎并不内行，不过我得过州里'设陷阱打野兽'的锦标。"

贾利对打野兽的知识一点都不懂，因此他并未多说便告辞了。过了几天，他走进了一家卖运动用品的大商店，向一位店员请教关于打野兽的种种情形，如怎样放假鸽引诱野兽，新式的猎枪子弹等，他又找了些关于打猎的杂志和书籍仔细阅读，等他准备妥当打猎的丰富知识后，又去拜访了那个人。

进到他的办公室里后,贾利把一袋铅弹放在桌上说:"丁先生,你下次再去打猎时试试这个,这是最新式的子弹,比旧式的火力大得多,让我解释给你听……"那人见到新式铅弹立即大悦,并请贾利吃了一顿午饭,从此他们便有了很好的友谊。三个星期后他让贾利替他做了一批轮胎,贾利立刻让工厂赶造送来。这一年,那个人一共买了六万余元的轮胎。

这便是应用个性分析法去增加你的收入的实例。你记住了吗?贾利是通过知道了对方喜好户外运动而投其所好,因而彼此沟通了感情,进而使买卖成功的。

活力型

活力型

积极意向——擅管理,行政,司法,理财力极佳。爱吃,活动力充足。

消极意向——太喜享乐,结果使心力体力均懒惰。

假如你想寻找丰足惬意的人,你就去找胖子,我们通常称胖人为具有充足活力型的人。因为他们都有庞大的身体容量与活力。我说的"活力",是指静止潜在的能力与复原的力量(活力型的人所需要的,往往是较多一点的动力或活动能力)。

活力型的人很容易辨认。他的脸和身体的构成大都基于圆形的定理:(1)圆脸;(2)两颊丰满;(3)宽大的鼻孔;(4)下巴肥或双下巴;(5)圆身躯,中间最胖两端略尖如啤酒桶状;(6)手掌肥厚多肉。

假如你是一位漫画家,去画一个好安逸享乐、衣食住均讲究、谈话响亮的人,你会画一个瘦骨嶙峋如被饥饿所迫的人吗?肯定不会。你一定会画一个面团般身圆、两颊大而宽、嘴大笑的人,不是吗?

胖人爱吃好东西。他们感到生活安逸,这通常是他们发胖的原因!你若想知道哪家馆子的菜好吃,只需看一看掌柜的。假如掌柜的长得既圆又胖,满脸笑嘻嘻的,他的生意必定很好,顾客肯定很多,这时你大可进去饱餐一顿。

胖人永远是和气、有趣、可亲的,除非他患有背痛风湿或者别的疾病。他也很会过日子。

他明白,智慧型的人已经把所有的事情都想好了。好动型的人已经将一切体力活动都做完了。好啦,剩下的还有什么呢?胖子会说,很简单,需要有指导、资助并监督他们的上司!好啦,那就是我的职业。于是他成为了一个——管理者。而且最适宜于当首脑的人也就是他。

因为这类人天生喜欢舒适的生活——吃好的、穿好的、睡舒服的、好娱乐的,于是他就会对这些事物加以研究。他会对这些东西很用心,并想方设法地去获得它们。

他永远在体力与智力上安然惬意。他不受思想家或智慧型的人脑筋的极度紧张与体质的柔弱之苦,也不受实干者或好动型的人体力的劳动不息与好动的欲望所迫之苦。

因此,胖人有派头,他们多镇静,不易动情感,甚至近于迟钝。活力型的人喜好安逸、舒适,因此他支使别人替他做。他从思想者与实干者的努力中获利。他资助思想家的意见、计划与发明,他又监督实干者的工作与活动。因为他是饮食的鉴赏家,他常当屠夫、面包师、食品店掌柜、厨师或饭店旅馆经理。因为他喜爱奢侈,他便当商人、店主、制造家,而且几乎没有例外地——他是上司或首脑人物。

世界大文豪狄更斯在其小说中描写一个英国典型的旅店主人时,他选的是一位胖子。莎士比亚描绘一位声音响亮,想饮麦酒,善选美女的人物时,也选一位胖子。我们每逢想到某银行公司的董事长、银行工业界的巨子时,我们自然而然地会想到一个胖人的形象。漫画家每当讽刺股票持有人时,也都画成摩根式的胖子。

偶然地,胖人们又代表他们自己寻找到了另一个可以享受安逸舒服的领域,那就是政界。假如世界上有一种职业最适合于肥胖者——嘴叼雪茄,喜欢拍人的肩,与人握手——这种好享乐的人去做的话,那就是极具诱惑力的政界。你只需要看看美国的大政客如莫费、嘉纳、法雷等胖人，即可明白。

这类人不但有灵敏的政治意识，良好的社会本能，还有敏锐的价值感觉。若其他条件不变，他常常又是一位最理想的商人、实业家、经纪人、买主或卖主。他对于使金钱产生金钱的艺术具有天然的领悟力。

然而他却有一大弱点，就是多趋向于放任纵欲。他时常太贪吃贪睡，结果身体越来越胖，因此不免懒惰。

若是他具有很强的智力，又有正直与自制力，他便是一位最理想的公证人、评判员与裁判者。

假如你的儿子是属于这种类型的，请记住：他的嗜好同欲望需要给予满足，但你同时又应该防止他吃得过多。他需要多加运动，因此督促他到一个体育训练中心去，鼓励他打棒球、踢足球等，并让他总是不停地工作，否则他将会太过发胖并因此懒惰。

假如你有一个女儿是属于这种类型的，预防的工作似乎更重要。鼓励她多与好动型如喜爱游泳、网球、跳舞等的女朋友常来往。多种体操运动也是她所最需要的。

你们都知道胖人不容易被刺激到。但你知道原因是什么吗？这很像一件工作。你留意过自己真正发怒的时候吗？在心理同生理上发怒确实都是一项大工程。你握紧拳头，咬紧牙齿，气喘吁吁，牙床伸出，血液涨到脸上，你全身的每一个细胞都紧张了起来。于是你如同发了疯一般！但对于胖子们来说，这全是一种无聊，他决不会为此所烦扰。

几个月前，我分析过一位活力型的电影男明星桂凯华。他所代表的性格是这样的：和蔼、有礼、温良可亲、好脾气、易交往。他也有点懒惰倾向。他喜欢吃好的食物，用精美的东西，而且他天性有活力，聪敏圆滑，使他有机会将他的幽默兴趣与商业天才结合起来，成为好莱坞著名的滑稽影星。然而在不久之前，他还是一位失败的印刷业推销员。我曾同他交谈过两个小时，旧金山某报曾将我们的谈话记录发表了出来。不久后，我接到了这位机警活泼、好安乐寻惬意的胖朋友的一封信，内容如下：

"巴尔肯老兄：我认为我所知道的关于我自己的许多事情是别人不会怀疑到的。但在你这位精明的个性分析专家面前，我的肥圆的脸，就如同仓门一样洞开，因为我的一切都暴露了出来。我实在很惊讶，你把我的种种弱点很快地都指了出来，而且一点也没有错。说实话，我正想定做一个长久的面具将我不便泄露的东西罩起来，不让朋友们见到。谢谢你对我诚挚有趣的分析。桂凯华。"

现在让我们总结一下。假如你是一个胖而壮的男子或圆润丰满的女士，那么就训练你自己做商业、金融、行政、政治或法律事业。下面是你一般最适宜做的事情：贸易商业管理、财政、政治、制造、旅馆或饭店管理、银行、经纪人、零售店经营。

混合型

现在你已经能辨认哪种人的面型属于智慧的、好动的或者活力的，或者更重要的——这三种型的任何两种的混合型。不久你会发现，每种可能想得到的肤色、面貌、结构、比例的混合型都是很有可能的，这使得人类的天性复杂得如同万花筒一般。所以，有一句古老而实在的话说，"人心不同，各如其面"，或者"没有任何两个人所长的面貌一样、思想一样、举止一样"。

我的一位朋友有一天下午走进我的办公室，笑着对我说，他的家庭发生了一起纷争，其原因就是我。他说："我的太太很相信你的学说。她判断我属于智慧型的人——就是因为我的前额高而宽，这是你数日之前讲过的。于是她就不明白为什么我每个星期都还会去打几次高尔夫球。她认为我不应该是好动型的。于是，她就用这个论据和论点，强迫我每周末跟她一起到海滨去。这真的快要令我发疯了，因为离海滨几里之内都没有高尔夫球场。"

站在一对夫妇的家庭争端中的任何一方，都不是一个局外人的明智选择，但这回我却做了，纯粹是根据科学与事实的立场。因为我那位朋友狄克实在不是一位纯粹智慧型的人。

事实上，很少人是纯智慧型、纯好动型或纯活力型的人，人们大都是"混合型"的。一个民族若都是纯智慧型的，那他们的身体将在书堆中耗尽。反之，假如我们全都是好动型的人，我们的文明便不能前进，依然会停留在穴居时代的原始文明。又假如人类都是活力型的胖子，谁又肯去做思想家的劳心与实干家的劳力工作呢？那时世界将只有监督者，而无被监督者。

实际上，我们每个人都具有这三种类型的性格的一部分。这就是狄克太太弄错了的原因所在。因为狄克不是完全智慧型。他的耳朵以上部分是智慧型，以下则是好动型。他的前额所代表的相貌是在说"走开，让我构思，让我幻想"。但是他的肌肉骨骼坚实，方下巴宽肩膀。简而言之，他是一个智慧好动混合型的人也是个思想家与实干家的合并。

前额高宽属智慧型，方下巴、肌肉骨架结实显露属好动型的人吗？汽车大王亨利·福特就是这样的人，飞行员林德伯、居里夫人、波西将军都是这种混合型的人。去年我曾分析过电影明星贺伯·马修尔，他刚好是智慧好动型性格的均匀混合的代表。假如你是这种混合型的，最理想的职业是一部分时间你坐在办公桌上思考计划和搞创造，余下的时间你要主动去做，把你所想的做出来。毫无例外地，你会发现最成功的工程师，最好的制造业经理，大都是这种思想兼实干的人。建筑、科学、农业、发明、新闻、推销、医学、军事等都是这种智慧好动混合型的人最适宜做的事业。

女士们，假如以上所说的也是你，那么就奋勇向前吧：世界上并没有人去阻止你成为有名的建筑家、研究家、飞机设计师、化学工程师或女推销员。苏联研究专家亨德斯曾对我讲，苏联国内50%的审判官、75%的医学学生都是女性。近来，他又发表文章说，有许多苏联女性是最能干的农耕机车驾驶员与集体农场的管理者。去年春，基辅市高中毕业的1112名女生中，仅有10%的人不愿意再升入大学读书。其余的都选读了文科、冶金化学、航空、建筑、水利工程等科。

此外尚有别种性格的混合型。你一定见过智慧活力混合型的，都是智力极好的胖人，当我们发现一个人的头很大、前额宽高、两颊胖圆，身躯也圆时，这个人定适宜于在教育、金融、法律界担当执行工作的人。哥伦比亚大学校长巴特勒、大学者房龙、青年戏剧导演家维理士都是这种胖而聪明的人。广告、教育、经济、新闻、贸易、销售、政治与法律等事业，都是这类人最适合做的。

再说一种混合型的人，就是好动而体胖的，即好动与活力型的人。这是方与圆的混合体。这种人最适合于担任如铁路、建筑、体育、制造、军事等行业的管理者，如扬基棒球队的经理人麦卡锡、巨人球队队长麦文鲁、德国已故总统兴登堡、意大利独裁者墨索里尼、钢铁大王卡内基及其助手斯考伯等，这些人都是这种好动活力混合型的绝好例子。

你还时常遇见相貌极为均衡的男子或者女子，他们是智慧、好动、活力三种类型的混合型，以至于很多人分不清他们的脸是方是圆还是三角形。你若是遇见这种人，应该仔细地观察，因为你所遇见的正是领袖人物的候选者。这种人将是最理想的组织家兼执行家，他们具有才干，随机应变，拥有伟大的潜在能力。路易·乔治、列宁、美国议员博拉，工人领袖路易斯、约翰森将军，都是这种均衡型的人物。这种类型的人物中最为出色的代表是思想家、实干家、政治家。已故的西奥多·罗斯福总统，一位真正均衡式发展的人物。

现在有一件重要的事，那就是几乎每个行业都可以善加利用各种类型的人。试以法律界为例，智慧型的人可做咨询师去思考案件，对照以往的判例并做研究工作；好动型的人宜当辩护律师，威严的审判官、大法官或检察官，在法庭上为案件争辩；至于胖子呢——他端坐在公堂上，当裁判官，告诉你孰是孰非。

在医学界，智慧型的人往往做研究工作，如细菌研究家、病理诊断家；好动型的人是外科手术大夫；胖子则担任医院经理人。

在销售上，智慧型的人可以售卖意见、服务与无形的东西；好动型的人宜推销机器、汽车与运动器具；活力型的人则适于售卖食品、玩具、衣服与娱乐用品。

至于制造业，智慧型的人适合设计师、文书、速记员、广告员、会计员等工作；好动型的人适合机械技师、工头、推销等工作；活力型的胖人呢？他适合当经理，他是理财家与管理者。

但是，哪一种类型最好呢？假如你有能力改造自己的相貌，你愿意当哪一种类型的人？最好是三种类型平衡混合的人。当你是这样的一个人，具有思想创造力，又有能力完成自己所计划的，再有指挥能力使别的人也按你的计划去做，你就是最完全的混合型——你的成就与名声将不可小觑。

本章摘要

◆ **智慧型**

外貌形状：前额高而宽，鼻子细，脸小，身体瘦小，脸如倒三角或梨形，肩削斜，手指长，嗓音高而尖。

积极个性或优点：智力高，聪明，喜读书，勤勉，善推理。

消极个性或弱点：体质略弱，懒惰，缺乏活力。（假如你是智慧与好动混合型的人，则无以上弱点。）

职业所宜:需要思想、判断、推理与设计而不过于消耗体
力的工作。

◆ **好动型**

外貌形状:前额上部呈方形,方下巴,肌肉与骨骼健壮显
露,肩、手呈方形,手脚巨大。嗓音深沉雄厚。

积极个性或优点:自主,有才干,喜建造,喜户外生活,
好自由,喜运动。

消极个性或弱点:智力不能集中,不喜读书,智力懒惰。
(假如你是好动与智慧混合型的人,则无上列
弱点。)

职业所宜:需要精力、活力与建设力的工作,避免每日埋
首室内书案,从事乏味的工作。

◆ **活力型**

外貌形状:圆脸,两颊宽而厚,身体呈圆形,手亦圆形,
身躯肥胖,鼻孔宽大。

积极个性或优点:有活力,擅长执行,恢复力强,善判断,
会理财,好吃。

消极个性或弱点:近于纵欲,智力体力均较懒惰。(假如你
是智慧与活力混合型,或好动与活力混合型的
人则无上列弱点。)

职业所宜:适于商业、财经、政治、执行、管理的事业。

第 10 章

体质结构与个性

有一段传奇故事说，一国太子与远方某国的美丽公主联姻。临到迎娶之期，国门外来了一位美貌的少女，后边跟随着许多仆从，仆从之中一人走上前来，宣称来的就是与该国太子联姻的公主。正说话间，又来了一队皇家人马，其中一个仆从走到前边也宣称他们的公主到了。老国王这时有些迷惑了，看罢这边又看看那边。两位公主都很美丽，两人面上都带着华贵的气派。"将二位公主各送至宫内休息，"老国王下令，"明日早朝我再挑选。"

第二天，老国王坐上宝殿，众大臣分列两旁，两位公主被引导到他面前。"早安，我的两个宝贝。"老国王说道，"昨晚你们睡得都好吗？"一个公主嫣然笑道："启奏陛下，我如同睡在云端里的摇篮中一般舒服。"但是另一个公主却显得疲倦乏力，并对老国王说道："国王，我一夜也未能合眼，床上也不知有一样什么东西碰伤了我，使我无力站稳。"

聪明的老国王站起来伸手拉着这位疲倦的公主说："可爱的公主，欢迎你来到敝宫廷，昨晚你们二人的床上铺的都是七张最柔软的褥子，但最下边一张里却放了一粒豌豆。这位冒充者，"他望着那位假冒者说，"却不会感觉得出来。而一位被娇生惯养的尊贵的公主是容易感觉得到的！"

我为什么要讲这个童话故事呢？因为我接下来要讲的是，科学个性分析学的第四种形体特征——人的毛发和皮肤。形体结构的粗细文雅与否，对科学个性分析异常重要。它是我们在判断人的性格与选择适当的职业时最有用最重要的帮助，而今许多人因职业选择错误与性格根本不适合于自己的工作而苦恼，就是不懂得考虑这种重要的人体特征的因素和体质结构的后果。

数年前，在澳洲我曾分析过悉尼市国营铁路局的全体员工。记住这一点：我发现几乎所有职员的头发都极厚且粗如钢毛，皮肤极为粗糙，体质健壮。你大可预料到，凡是当工程技师、伙夫、司机、信差、工匠与船厂工长的人也都如此，而最奇怪的是，几乎毫无例外地连核账员、速记员、电话电报员与各部主任等也都如此。

体质结构粗壮的男或女很容易辨认。他们必是：（1）头发多而且粗硬如钢；（2）形体粗糙壮大；（3）皮肤毛孔张大；（4）大手大脚；（5）嗓音深沉浑厚；（6）身体多粗壮。形体结构粗糙的人性格也粗糙，他们鲁莽，爽快，健壮，有力。

当然，不要误解以上所说。结构粗壮的人也是很聪明的，极富同情心与爱幻想，但他们所表现出来的往往是大胆、爽快、不虚饰。近代大雕刻家罗丹就是粗糙的体质，他的杰作《思想者》正是他的雄壮有力的真实表现。美国小说家杰克·伦敦的体质也属于粗糙的，他是一位强壮直爽的冒险家，他的作品所讲的也是他经历的野外生活。可以去读一读他所写的狗的故事，在沙漠中的生活，在南海岛上的故事。有一次，我到南海岛上亲眼见过他住了数年之久的小茅舍，那种原始时代的环境令我印象深刻。这种氛围充分表现在他的作品之中。还有美国哲学家杜威、俄国大文豪托尔斯泰，都是体质结构粗糙的思想家与作家的典型例子。瓦格纳的激昂的音乐远比莫扎特文雅温柔的音乐雄壮得多。美国在政治与军事上的粗糙人物的著名例子是强森将军、纽约州长拉戈狄亚、工党首领路易斯。不妨注意一下他们粗鲁笨重的体质，然后听听他们所发表的激烈的见解。

　　肌肤粗糙的男女对于自己的衣服装饰、指甲或外表并不十分在意。他们的声调高而声音洪亮，他们喜欢从心底里畅快大笑，因而他们的举止态度多少是粗鲁而欠文雅的。他们往往直言不讳，他们所交往的人也常常是粗犷的，爱看打闹，喜欢激烈的马戏，好说粗野的笑话。

　　我曾分析过造船厂工人、煤矿工人、油田工人，我也曾考察研究过在山林里砍运木材的工人们的性格，航行于四海大洋的水手们，几乎毫无例外地，他们的身躯都是粗壮巨大、头发粗硬、皮肤坚厚、毛孔粗大、声音深沉、大手大脚，体质结构粗大坚实。他们习惯于自己的粗野生涯与艰险环境。他们在如此艰苦的环境之中仍能泰然处之。他们的目光带着激进，坦白爽直地去争取自由、改善与经济独立。

我有一位朋友在西部某城制造并销售铁道起重机。他雇用了六名推销员，这些人都大学毕业，温文尔雅受过高等教育——但是制品的销路却很不好。总经理继承了他父亲的旧工厂，他所聘用的推销员也都是他大学工程系的同学。于是，他便来问我怎样调整可以使机器产品销路转佳。他的几位推销员都是头脑聪明、满怀希望的青年，很快就对工厂里工程与技术方面的事情完全熟悉了。他们也精于社交，善谈运动场上的新闻，但他们却不会推销铁道用的起重机。我看罢这几位不称职的推销员之后，认为他们都应被辞退。

第二天，我坐在一辆公共汽车中，忽然看了看那位汽车司机，我问他贵姓。"斯蒂夫·凯雷。"他回答。"你多大年纪？""26岁。""开汽车收入很好吗？""噢！不好！一个星期能赚16块钱就算不坏了。""你念了几年书？""没有几年，我将就着能写字看书，但却未从学校毕业过。""你愿意干推销员的工作吗？""不知道，没做过，但是假如比开汽车赚得多，我就去干！""好极了，这是我的名片，上面有我的住址。明天上午10点半，请到我的办公室来，我将会给你试一试的机会。"

后来，斯蒂夫·凯雷从一个穷司机变成了美国铁路用品领域最能干的推销员之一。他喜欢抽烟，唾沫"啪"的一口吐得很远，满口土话，不懂文法，言谈粗鲁，但是这位赤手空拳独闯的爱尔兰人却善于与粗鲁的买主们打交道，并且推销了无数的起重机！

最近，他曾经说了他推销货品的妙法之一。纽约伦四米镇某工厂轻便铁道的转轨机突然坏在了道上，斯蒂夫恰好在那里。他从货车里搬下了他代销的起重机，脱去了上衣，吐了一口唾沫在手心，把起重机搬来放在转轨机的下边，嘴里不住地自喊使劲，巧妙地使用他的起重机给该厂主人与总务主任看。"哈哈，伙计，这架起重机果然不错，把机器带回到轨道上面就像吃包子一样容易。让我试给你们看。"

他这样得意地表演完后，一件衬衫也被扯破了，但他却卖出去了四千元的机器。讲到增加收入嘛，最近我见到斯蒂夫·凯雷时，他的收入已经是他当汽车司机时的 10 倍了。

当你想把货物卖给体质结构粗糙的人时，忘掉那些文绉绉的外表举止吧。同他谈力量、数量与耐久力。对待这种人别太文雅，不要用暗讽或技巧，要直接爽快地进入正题。

但是，切勿以为粗壮的人都是些不学无术或欠诚实缺想象的人。有许多粗壮的人比相貌文绉绉的人更有智慧，更加诚实，更有修养。他们不是那么好吹毛求疵且难于对

付。他们不怕朋友用力拍着他的肩膀大说大笑，他们喜看
热闹的戏与听兴奋的音乐而不惯深邃的悲剧与交响曲。

你是这种天生粗壮相的人吗？那么让我告诉你几种你
最适宜的工作吧。你极容易融入需要力量、活动与耐久性的
工作；你有能力忍受艰苦并能在困难的环境中工作；你不怕
操作粗重的物品、巨大的工具与笨重的器具；你应当避免需
要极文雅技巧的工作。这种粗壮相的人假如有工程机械的才
能，他们就会喜欢设计建筑、铁道、运河、桥梁、海港与工
厂。他们愿意推销、制造或处理粗重的钢铁制品、木材、笨
重的机器、车辆、船只、煤矿、铁道等用品。

即便他们做用脑子的工作必定也是寻找制造这类产品
的工厂事务。他们应该著书或编报纸供大众阅读。他们应
当写歌曲，或唱流行歌曲，演时代新剧而不是古典剧。这
种生来粗相貌的人若真是艺术家，则他们的文学、音乐艺
术作品必定也是强硬有力的。

这种人也常是群众的领袖，不论是在政治上或者其他
方面。纽约州长拉戈狄亚就是握紧双拳、勇敢善战的粗相
貌的政治家的代表人物。他们也常常是劳工群众的领袖，
实际上我以前所分析过的激烈人物个个都是如此。列宁更
是平民领袖的最标准的人，他的短小粗壮的身材、粗头发
与粗相貌，恰恰代表了有魄力无畏好动的个性，他也终于
得到所有俄国民众的热烈拥戴，从各地来的农民们第一眼

看见列宁时就会很惊讶地说："哇，他长得跟我们一样！"

电影迷们能立刻想到乔治·朋克洛夫、玛丽·德里莎、麦克伦、卡洛夫、甘里斯·比雷等最著名的爽快粗壮相的明星。还记得甘里斯·比雷在《自由万岁》这部巨片中的神气吗？

记住，让一个火车司机去做绣花的工作与让一个诗人去摇煤球，都是一出悲剧，因为他们被错用了！他们应当另外寻找一条事业成功的正路。

这里还有一件小事情，是直接关于体质结构特征与人性了解的课题的。说起来这件事似乎很无关紧要，但从广义上说，这又是一个令人兴奋的爱与鼓励的故事。下面是日前一个刻苦奋斗的青年艺术家来到我的办公室与我谈话的概要。

"巴尔肯先生，"他开口说，"你知道我是一个画像师。我今年26岁，和一个很奇特的女子结了婚。我想我不是一个高明的画家，因为我的画销路不佳。我们只住在一间房子里，有时候我们吃不饱饭，但是我的妻子凯瑟琳毫不抱怨。"这个青年接着说，他打算节省一点钱，去为他的太太买一件生日礼物。需要的数目并不大，只需十块钱，但他却有一个问题不能解决。

他说："凯瑟琳是一个奇怪的女子，她的确并不奢华，但她又实在喜爱美的东西。她最珍爱的一件东西是一只朱砂色的花瓶，去年冬天，她把预备买煤的钱用来买了这只花瓶，因此我们挨了两个星期的冻。现在问题就在这里。凯瑟琳上星期在街上某商店的窗子里看见了一套丝质睡衣，她很喜爱，就同我讲了好几次，并且我知道那套睡衣一定能使她很快活。但她实在更需要鞋袜同内衣。巴尔肯先生，我对你和你的学识很钦佩，希望你能给我意见，我愿意给我最贤德的妻子一件让她非常快乐的生日礼物。"

在一本普通的练习簿上，他给我看了两张他太太的很精细的速写像，我发现她真的可以在舞台上跳芭蕾舞，同时更可以作为体质结构极纤细柔美的代表人物。

现在我先不回答这个青年的问题，到本章末尾再告诉大家。同时我建议读者对这个问题也作出自己的观察与分析。也许，在我没有讲完本章之前，你们自己就能找出这类型的人在性格问题上的正确答案。

现在，首先让我们看看凯瑟琳是一个什么样的人，同时让我们分析那些相貌柔细的人。

我上面已讲完了对于粗相貌的人的种种特征。我说明其本质结构，目的是要发现人们的特别才干，从而指导他们去做最恰当的职业，这是很重要的一点。但是，比这更重要的一种用处是，透过体质结构可以很容易看穿人们的性格倾向或者在未来的人生里他们更倾向选择的方向。换言之，体质结构能告诉你关于你及你所遇到的人的很多事情。

细相貌的人很容易被认出来。下边是其特征：（1）头发柔细如丝；（2）轮廓刻画柔美；（3）希腊式的细直鼻子；（4）皮肤毛孔细；（5）说话声音好听；（6）举止态度温柔，体格柔和；（7）衣装考究；（8）手脚均小，手柔美，手指细长。

最纤细柔美的体格结构就是初生的婴儿。你试着留意看初生的婴儿，他的头发是多么的柔细如丝；皮肤上的毛孔是如何的细密，比上等的丝棉还要精细，犹如蔷薇花瓣一般细致。再看他的小耳朵，美妙刻凿的小鼻子，小手小脚同各部轮廓都极精细。成年人的体质结构越近似婴儿，就越算是相貌柔细的。

体质柔细的人的个性要点就是美。他们亦爱好精细、美丽、理想化的东西。他们的收入虽只应该喝啤酒，但他们却生着一张喝香槟的嘴。叫他们在粗糙艰苦的环境中工作是很难的。他会感到极为痛苦。你在制砖厂、牧场、铁矿、屠宰场、炼钢厂里是找不着他们的。因为兰花不会生在煤堆上。

细相貌的人渴望优美。他们看重质，他们宁愿穿 80 元一双的皮鞋而不买四双 20 元一双的鞋。你若是聪明的售货

员——懂得个性心理的人——遇到这类顾客时就应该说:
"是的,太太,这件大衣的价钱虽然贵了一些,但是料子
是上等货,我想你一定会喜欢这件的。"这样也表示他懂得
人类的天性,他能用个性分析的知识,去获得莫大的利益。
不能对生得相貌柔细的人说你卖给他或她的这件东西是廉
价品,他不喜欢便宜东西。

这里还有一个重要之处。假如你的女朋友是细长的鼻
子,面貌轮廓细美,手脚皆小,丝一般柔美的头发,说话
声音温柔、皮肤细腻——换言之,你的爱人若是细相貌的,
就要避免高声的谈话、粗暴的态度与粗俗的衣饰,并特别
小心你的举动言行。不可以提议去看低俗的戏剧。因为她
已养成了听音乐演奏会的习惯。当你请她吃饭时,她并不
会在乎饭菜的量或牛排是否肥厚,她对这些并无兴趣。她
需要优美的氛围、柔美的光线、高雅的音乐、闪耀的银器、
洁白的桌布和细柔的话语。你会发现细相貌的人往往会聚
集在一定的地方,交响乐演奏会场中有他们,教师会议席
间有他们,在社交舞会或大歌剧公演的第一夜,你都可以
看见他在礼貌彬彬、态度谦和的人士之间,他们喜欢的就
是优美、文雅的环境。

在工业、制造与销售中,肌肤柔细的人喜好接触丝织
品、绸缎、花边、珠宝、精美的器具、美术品、照相机、
无线电、乐器、精美的钟表等物。肌肤细的青年男女大都

喜欢参观美术馆，听名人演说，听古典音乐演奏会。这类人对于学术与贵族化的事物最有亲和力。他们的思想细腻，态度好吹毛求疵，难被取悦，观点趋向理想化。

真正的细相貌的人皆多敏感，趣味、谈吐、举止、态度温文尔雅，正如粗相貌粗肌肤的人皆多鲁莽直率容易相处一样。这不是很简单吗？

珍小姐不久前来见我，让我为她的职业加以分析指导。她对我说，她的工作极不如意。她要为自己的事业作充分的准备，便用尽了她的储蓄去读完高中，但如今她感觉自己的精力金钱都白费了。

我分析之后对她说，她有做文书工作的才干。珍小姐十分惊异，"怪呀，我正是做这类事情！我现在是某衫裤制造厂总经理的秘书。"

答案就在此！一位肌肤柔细有教养的年轻的女士每天处在制衫裤工厂的环境中，与高楼房、污秽的办公室相处。

这是很容易解决的一个问题。如今，珍小姐不但收入已得到增加，而且她比以前要快乐得多了。珍小姐还是当秘书，然而，她现在的工作是帮助某大广告公司无线电部主任办理文书事宜。她的办公室位于纽约市无线电城洛克菲勒大厦，她快活吗？你想吧。

注意你自己。养成观察别人的习惯。记得爱默生曾说过："你喧嚣如雷鸣，使我听不出你说的是什么。"甚至于你去看电影时，注意肌肤细美的男女明星是怎样表现他或她的戏份的。留意看看薛爱黎、曼儿·奥伯兰、狄安娜·杜萍、安妮塔·路易丝。观察孟格曼、巴塞罗米、弗兰·卓东与罗茜·泰勒，以上诸影星都是细肌肤细相貌的人。

但是记住这一点：世界需要各种各样的人。细肌肤细相貌与粗肌肤粗相貌的男女都不可缺少，上述二者若缺其一，则所有的工作都将停顿，人类都要被饿死。让我郑重地说一句，甲类人并不比乙类人优越。他们只是性格不同而已。

由于地域原因，有些人总抱着比别人优越的态度。东方的哲学家看见美国踢足球不要命的运动员及在地铁中奔忙的人们，便会喟然叹曰："这真是疯狂的民族。"我们需要有干劲、有魄力的民众的勇气与文雅的艺术家的敏感力。世界把人类各个民族看作是其人生织品的各种不同的补缀物。有的是丝，有的是毛，有些细相，有些粗相；但是每一堆人都是互相帮助并把全世界人类合成一体的人。

因此，前边我提到的那位青年画家与他的爱妻和那十块钱应当为了爱而使用。替她买下那件睡衣吧，除非鞋子或内衣对她目前的健康是极其必需的。她的身体与心灵都是属于细相貌的，并且一点奢侈品就可以给她勇气，同你承受任何艰苦。

如果你的肌肤结构是粗毛发，粗皮肤，粗相貌，表示

你善迎合，有魄力，粗率直爽，有男子气，喜平等自主。你不好吹毛求疵难取悦，也不过敏。你的举止态度不拘谨而爽快。你多需要些外交能力，机智，文雅，优美。你能做需要力量、精神、忍耐的工作。你能忍受艰难。你适于使用重而有力的物质、机器、工具，并能忍受艰难的环境。你决不可做需要柔美纤巧的工作。

　　如果你是细相貌——头发柔美如丝，面目轮廓纤巧，身躯各部配合匀称，则表示你爱美，富理想，艺术化，易感染，神经灵敏。你喜爱质地精良与优美的事物，你认为美是你生活中必要的一部分。你是宁肯多花一点钱也要买上等东西的人。你厌恶一切粗鲁笨重的东西，并且时常太神经过敏。你适于做需要处置美的、纤巧的、精良的事情，或者是需要审美的、精巧的、情感的工作，但决不可做需要劳力、艰苦粗劣活动的工作。

　　现在让我们暂停一刻，向前展望一下我们的目标。我要做的事情是帮助你更进一步明了自己是什么样的人，帮助你发现什么样的工作最适于你做并且能使你最快乐。永远记住每一个人在世事的安排中都各有其位——一份适合的工作，适得其所的地位，一个相处泰然的朋友，一个理想最合拍的伴侣。快乐是每个人生来具有的权利。个人的、社会的、职业的调整是获得快乐的法门。

本章摘要

细肌肤细相貌——

体质征象：柔软如丝的毛发，细鼻子，面目轮廓细巧，体态优美，声调柔和，举止态度严谨有礼，手指细长，皮肤毛孔细小。

个性优点：爱美，富理想，重品质，富审美力，敏感。

个性弱点：神经过敏，易烦恼，缺乏忍耐力，好浪费。

职业所宜：有关美的、巧的、物质的工作或是重品质的、富优美的、氛围良好的工作环境。

粗肌肤粗相貌——

体质征象：毛发粗，身粗躯大，笨拙，声音粗而高，衣装不讲究，手脚皆大。

个性优点：爽直易打交道，有魄力，有精神。

个性弱点：缺乏机警，言行鲁莽。

职业所宜：有关力量和魄力、耐久性的工作，避免纤巧细腻的工作。

附　　注：每一个人的肌肤相貌非粗即细，或者是不粗不细的调和者，若系调和者，则个性也为两种的调和状态，从而性格优劣相对平均。

第 11 章

肌肉骨骼与个性

每逢我被介绍认识一位新朋友时，我必定会马上与他握手。这是一种习惯的客套，更是我的急切愿望。因为这是第五种形体特征最确实的测验法。我要感觉出对方肌肉的松紧与骨骼的软硬。

你有柔软顺服的肌肉与柔韧的骨骼吗？这种人的性格总是柔和、顺从、易感动的。只需一点压迫他便顺服。这种人缺乏忍耐和毅力。他缺乏身心两种韧力。不要太依赖他，他虽然不是坏人，但却太柔弱无能。

柔软的手，易屈的骨骼，绵软的肉——这一切都表示绵软的性格。不可给这种人以繁难的工作，因为他不能胜任。也不必顾虑他的抗议不满，在极端的情形下他们甚至是抑郁症的患者。

第二种是肌肉骨骼韧力有弹性的人，可庆幸的是这种人占大多数。他们是正常的负责任、正常的热诚、活泼、有生气的人。他们具有如橡皮筋般的韧力、轻快的个性特质，代表一般正常的人。他们容易兴奋热诚，灵敏，进取。他们善变顺应！换言之，他们是正常均衡的人。

肌肉骨骼——有韧力

积极意向——乐观，顺应善变，热心。

消极意向——易变化无常。

肌肉骨骼——坚硬

积极意向——坚决，有毅力，勤劳，俭省。

消极意向——易趋固执，顽强，极其守旧。

肌肉骨骼——柔软易屈

积极意向——易感动，多才艺。

消极意向——缺乏能力与积极力量，因循守旧，奢侈。

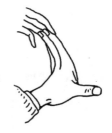

手的类型

　　现在我们说说第三种人。你是否见过这样的老人：其骨骼与手指都极其干硬，肌肉也是瘦硬而不柔顺的？像这种手干硬的人，十人有九人其生活也是枯燥干硬的，他必是一位农夫或是矿工或是做其他劳力的工作有一定的年头了。并且这种肌肉骨骼干硬的人其观念也是干硬的。他很可能多是守旧，顽固，有时甚至是反抗的。

他们固执己见，有时真是顽固至极。你不能轻易改变他或影响他。你必须同他在一起，为他工作很久，直到他相信你并接受你的新意见。他却有一点好处——就是如果相信之后，就再也不会轻易改变。

希望你以后与人握手时不要只当作是一种平常相见的礼节，从握手中可以告诉你许多事情。你明白了吗？柔软的人性情也柔软，有韧力的人性情也有韧力，干硬的人性格干硬，这是基本常识。

本章摘要

柔软易屈的肌肉与骨骼——

体质征象：肉极松软，骨骼与骨节极软而易屈。握手时
柔软顺服。

性格优点：易动情，易变，多才。

性格弱点：缺乏力量与魄力，易趋踌躇懒惰，好浪费。

适宜职业：需要处理柔的、美的事物的工作。

富韧力的肌肉与骨骼——

体质征象：行走跳动有弹力。握手有韧力。

性格优点：乐观，顺应善变，热诚，有力，易感应。

性格弱点：趋向易变。

适宜职业：需要韧力、忍耐、魄力、进取的工作。

干硬的肌肉与骨骼——

体质征象：肌肉干硬不屈、骨节僵硬、握手干硬不柔顺。

性格优点：坚决、意志力强、节俭、有力、勤奋、耐久。

性格弱点：趋向固执、倔犟褊狭、极守旧。

适宜职业：需要吃苦耐劳、毅力、忍耐或保守的工作。

第 12 章

从头的形状判断个性

科学个性分析学中最有趣最实用的一项就是对头的形状的分析。事实上，我已经很清楚地知道，某种头的形状与某种性格、天性、特长息息相关。在 24 年的研究期间，我曾观察过数千人的头的形状，并且毫无例外地，我发现它与个性的某种特点联系密切。

关于这件事情有两三个研究的原理。由研究人类的头颅骨可以明了人类的进化。人类学家曾采集过很多资料，他们把人类的头颅分为长头与宽头两种。假如你给这种学者一个机会，他将能告诉你很多有趣的事情，例如种族、性别、个性、特长等——都是由人的头颅骨形状来测知的。

例如他们能看出希腊、意大利、德国人的头都是长的；亚洲人的头多是宽的；西西里人的头是窄小的；阿尔卑斯山一带的人头都是圆的；瑞典人与苏格兰人的头多是方的。

还有一种学理说明头的形状是如何表示性格的，那就是骨相学家的学理。最早的骨相学家发现关于头的形状的许多奇异的事情都是合乎科学道理的。不幸的是，许多过于迷信的平庸学者对于这个问题并没有多加训练因而以讹传讹，结果骨相学家只成为混饭吃的冒充者，从而被科学家们所讥笑，然而骨相学还是有许多道理的。这些道理对于热心的个性分析学者有着很大的用途。

此处我不对这些理论多加讨论，但是我要讲一些关于头的形状的事情，以帮助你对照着了解自己或朋友们的头的形状与性格的关系。

研究每个人的头，我们可以从耳朵及眼眉以上的部分开始。概括地说，你会发现，共有八种不同的头部形状。

一个人的头或是长的或是短的；或是宽的或是窄的；或是高的或是低的；或是圆的或是方的。你应当观察你所分析的人的头是属于何种形状的。也许你不能断定，例如你不知道一个人的头是宽还是窄。他的头也许是介于二者之间的，遇到这种情形时你大可不必根据头的形状这种特征作出判断。

练习观察头的形状时，首先要注意极端的形状，让我们先看宽的头，这里有一件极有趣的事情，你可以与我们的比较解剖学相对照。宽型头的动物都是好斗的（往往是贪肉的）、破坏的、凶猛的。它们是斗士与残杀者。窄型头的动物是温和驯服、柔弱易屈服的。这件事实很容易对照。例如，宽头的狮与宽头的虎都是残杀者，窄头的动物如鹿、麋、长颈鹿，都是驯服温顺的。试拿狗的种类来说，宽头狗（如猎犬）是凶猛好斗的，窄头狗（如灰犬）便不好斗。宽头蛇（如响尾蛇）是极为凶狠的，普通花园里遇见的窄

头蛇则不怎么厉害。宽头鸟类如鹰、鹚、兀鹰都是残忍的破坏者，窄头鸟如鸽则代表和平，鸠、鸡则都是容易被宰食者。

现在对照一下人类的情形。工程师如高索尔将军的头是极宽的，于是他敢于把一座山推倒挖成巴拿马运河。法国医生巴斯德是宽头的，他勇敢地在医学界与病菌奋战。

宽型头

积极意向——富精力，操纵，好斗，激进，有力，倘耳前部分极宽则为能干之财政家。

宽型头

消极意向——易趋过于猛烈，贪心，好辩。

纽约市长拉戈狄亚也是宽头的人，他最好争胜辩论，他的眼睛凸出有很强的语言表达能力，他在论辩对答时真是一个天才。威尔逊是一位智慧的战士，他为自己的理想而战。你每次遇到一个宽头的人，你就是遇到了一个战士，不可用武力把他拉回去，否则，你多半要失败。

观察头的宽窄可以从两耳的上边量起。假如你用一把曲度尺实际测量，你会发现他们的左右宽度为六英寸半（1英寸 ≈ 2.54 厘米——译者注）或多于此。

窄型头

积极意向——擅长外交手腕，和气，
　　态度温和，机智。

消极意向——缺乏力量、执行与争胜
　　心。态度温厚，不善理财。

窄型头

在另一方面，头狭窄的人（自两耳上端量其宽度少于
六英寸半）态度多是温和的、好脾气、好对付的，他要达
到目的，往往用的是他的机警、外交手腕、智慧聪明，而
决不会使用武力。

每当我要去雇用一位推销员去创新思路和打开销路
时，我总会聘用一位宽头的人。

我不反对雇用窄头的推销员去做其他零售业务，或是
需要机警、善外交、有手腕、礼貌和气与懂劝说的业务。
但是，不要忘记宽头的人是激进操纵的，窄头的人是温和
机警的。

高型头

积极意向——心境高，富欲望，理
　　想，高贵公正，意志强。

消极意向——易趋自大，野心太大，
　　固执与专制。

高型头

高型头的人——意思是从耳朵眼向上（由此处量至头顶长约六英寸或更多）——心境亦高，这是一个容易记住的方法。高型头的人多是公平、正直、诚实、坦白的。他们富理想、希望、乐观、可敬畏。假如自耳朵以上之头部极高，你会发现这个人具有极强的意志力与极大的自尊心。实际上，头太高的人多固执，自大。

试留意看看我们的教育家、社会服务家、理想的政治家与一些高水平的法官，你会发现他们都是高型头的人。高型头的人永远在寻求上进。他们对任何一种计划都不会满足。他们的上进心永远在积极地推动他们去寻找满足感。

低型头

积极意向——喜物质，实际，家常，
　　　　对事实有兴趣。

消极意向——自私，缺乏远大的野
　　　　心，信用与理想。

低型头

我的一位求教者是在纺织业界服务的。这个人原来是他们公司运输部的职员，已经工作了15年之久，但他却总想着辞掉那份工作，希望再找到一个更好的位置。那个人来到我的办公室，希望听听我的意见。他是一位褐肤色、

活力好动混合型、高型头的人。不，他并非图多赚钱。是
的，他原来所在的公司很好，并且他也喜欢那家公司的产
品、工作时间和那里的人。那究竟是怎么回事呢？原来他
希望他的工作能在定期增薪之外，还要有点别的奖励。

我对那个人说道："我知道你实际上想要的是什么了。
你需要一个升迁的机会，对吗？""正是如此，巴尔肯先
生！"他回答道。

哈，他现在很快活了！他回到了他原来的公司，不过
稍有不同的是，他现在有了一个属于自己的办公室，还有
了一位助理、一位书记来帮助他。在他的办公室门外，写
着"运输部主任"。

头部低的人的心境也低。但不要误会了我的意思。那
并不是说他们欺诈与不诚实，但是，那确实表示他们大多
是自私与重物质的人。你很难用利他主义、理想主义、感
情或精神等学说去打动低型头的人。任凭你怎么劝说，这
种人也只会无动于衷。用他所喜好的实际，如物质利益、
好吃、好玩、自私等去打动他，那样你就算是搔着头部低
的人的痒处了。

长型头

积极意向——擅交际、交友，心力

专一，有先见。

消极意向——对于社交事务费时间

过多。

长型头

长型头的人——意思是说由前额眼眉之间直至头后长约七英寸或更多——眼光远大。他们对于未来的收获远比对于目前的利益更感兴趣。

你的孩子是这种长型头的吗？我担保他会用一些奇怪的问题把你问得头痛。例如："我们明年夏天到哪里去？""明年我们去做什么？""我长大的时候，我一定要做这样做那样。"

头前后呈长形的人，往往愿意投资长期而不想要近前的收获。再者，一个人的后脑勺若是圆大，意思就是自耳朵后边起的头部呈长形，这种人极喜交际，友善，爱家庭，爱子女，喜群居生活。

他喜欢同多人在一起，你不能把他一人放在田地中单独做工或是与社会远离去作园艺研究，或是把他关在实验室里不与别人常见面。他的社会的和喜群居的天性太强，不能过隐士的生活。

短型头

短型头

积极意向——善顺应，多才艺，注意
眼前利益。

消极意向——眼光短，自私，心力不
能集中，无远大计划。

在另一方面，短型头的人眼光也短，他们不向前看。
他们也缺乏心力专一，他们不喜社交，他们只是对自己感
兴趣。这种人不好交朋友，因此不要用友谊的事情去打动
他。他们的兴趣全在一时的、个人的或自私的得利。这些
才是说服短型头的人的机关所在。现在从后边看。你若看
见一个人的后头部是圆的，毫无棱角，他必是不能安静，
总找机会，喜投机。他喜好赌博或冒险性质的事。

你若看见一个人的后脑勺是方形的，从后边看出明显
的角，这种人是小心谨慎、保守的。不要想叫他看机会买
股票，或投机在地产业。他太谨慎、太柔弱与恐惧。机械
人员、工程师、建筑天才，各种东西小如钟表大至桥梁的
制造者，都是前额上边方形。对的——就是前额左右上角。
从造玩具车以及小房屋，直至建造设计轮船、火车、飞机，
这种方前上额（尤其同时是好动型的）的人是永远不停地
在计划、构造、建筑、组织。

不久以前，一位工业界的人来委托我，他有一个很大

的制造厂，他请我为他从一群工人中选择一个有效率的操作起重机的工人。不幸的是，以往所用的工人都发生过意外，原因是，以前所用的起重机的工人，都是易疏忽和不称职的。

圆型头

积极意向——善投机，多智谋，富希望。

消极意向——不顾危险，冒失，易冲动，
　　　　　　过于投机。

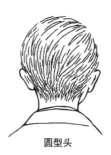

圆型头

制造监督已经新雇了两个工人，都是以谨慎可靠的特长被介绍来的。但奇怪的是，发生意外事件的比例仍在增加，同时由起重机运送的钢产量却日减。我被聘来研究这个问题，我注意看那两个工人，他们都是褐肤色与头后部呈方形的。这是极端谨慎型的人，实际上他们是太小心了，以至于做每一个动作都会惧怕。

我把他们换下来，换用了一个名叫麦格尔的工人，白肤色，粗相貌，大体格，好动型，呈短而圆形的头，脸侧影上端凸出下端凹进。

你观察麦格尔这个人的性格如何，简单的回答是，麦格尔善变通，粗鲁爽快，好动，喜机械，好冒险，细心，思想快，行动相当慎重自持。结果，监督的报告说，他在

40 年的制造工程生涯中，从来未见过像麦格尔这样能将起重机管理得如此精巧、灵敏、稳妥的人！

方型头

积极意向——假如头前额角呈方形，则擅建设机械，逻辑，喜探究原理，假如后脑勺呈方形，则慎重小心。

消极意向——过于小心乃至阻碍创造力。

前高后低型头

积极意向——同情心重，直观，深思，富情感。易感动，机敏。

消极意向——同情过度，更需要尊贵、自重与野心。

前低后高型头

积极意向——高傲，自重，野心，公正，意志力强，专制。

消极意向——过于专横，固执，需要更多的机智手腕，对于人的判断力弱。

前额宽而低型头

积极意向——多才艺，善顺应，心境宽，富建设性，喜音乐。

消极意向——心力分散不能集中。

前额高而窄型头

积极意向——好批评，分析，直观，喜专精研究。

消极意向——过于好批评，心境窄。

方型头

前高后低

前低后高

前额宽而低

前额高而窄

本章摘要

宽型头——

形体征象：两耳上端之间头部甚宽，量之约为六英寸半或更长。

性格优点：操纵有力，好斗，激进，善理财，猛烈。

性格弱点：趋于过分猛烈，好辩，专横，贪婪。

适宜职业：需要魄力，激进，商业才干优异。

窄型头——

形体征象：两耳上端之间头部甚窄，量之约短于六英寸半。

性格优点：态度温和有礼，机警，擅外交手腕。

性格弱点：缺乏力量、执行、奋战力。太温和，不善理财。

适宜职业：需要理想、和平或为他人服务的工作但不宜管理财政。

高型头——

形体特征：自耳朵眼以上头部特高（从耳孔向上量至头顶约以六英寸或更多）

性格优点：心境高，渴望野心，富理想，正直，高尚，意志力强，自尊。

性格弱点：倾向自大，野心太甚，固执与把持。

118

适宜职业：为他人服务之工作与无限制之升迁机会，具
　　　　　有执行管理才干。

低型头——

形体特征：自耳朵以上头部特低，计量为六英寸以下。

性格优点：重物质，重实际，对事实有兴趣，自由派。

性格弱点：倾向自私。需要更多的雄心、信念与理想。

适宜职业：需要处理物质、实物或各种物品而不是处理
　　　　　人的工作。

长型头——

形体特征：自前额眼眉间至后脑勺长约七英寸或更长。

性格优点：目光远大，专心，喜交际，友善。

性格弱点：耗费太多时间于交际上。

适宜职业：与人交际的才干特优，需要眼光远大或科学
　　　　　才干的工作。

短型头——

形体特征：自前额至后脑勺特短，约少于七英寸。

性格优点：喜好目前的利益，顺应善变，多才艺。

性格弱点：倾向心力分散不能集中。眼光短，易趋自私。

适宜职业：需要有变化而不需要远见或忍耐的工作。

方型头——

形体特征：头前后部均呈方形。

性格优点：前部呈方角的人，擅制造、机械、逻辑，好
　　　　　推求缘由。头后边呈方角的人最小心谨慎。

性格弱点：头后部方角特别明显时则倾向过度小心谨慎
　　　　　而阻碍发动力。

适宜职业：需要制造能力、谨慎可靠、思想推理的工作。

圆型头——

形体特征：头前后呈圆形而不显角度。

性格优点：喜投机冒险，多谋，心中富希望。

性格弱点：头后边太圆的人倾向冒失大胆，冲动，太好
　　　　　投机。

适宜职业：才干宜于需要冒险变化与冒险得利或投机性
　　　　　的工作。

附　　注：假如你不能断定头的形状是宽或窄，长或短，
　　　　　高或低，方或圆，那么就不必管这些特点。

第 13 章

身躯的硕大短小与个性

若别的部分相貌情形相同，则一个人的身量——换言之就是此人高大抑或短小——也是一种重要的个性表现之处。

你曾在电影中看见过，一艘横渡大西洋的巨轮建成后离开船坞时的情形吗？你是否曾注意过，它是怎样缓慢地移动，以至于几乎觉不出来？它不像是在移动，但确实又是在渐渐地、极缓慢地移动。它发出能量，它产生更多的力量，然后提升速度，在大海中越行驶越快。你又是否曾注意过，在这艘巨轮旁边的一只小拖船响着尖锐的汽笛声？只要一经驶出，这艘巨轮顷刻间就离开那只小船走得很远很远。

类似的情形还有，你注意过 20 世纪流线型火车开出车站时的情形吗？那架鲍尔温式的机车头开动时也是极慢极稳的。渐渐地发动力量，顷刻间速度增加，以每小时六七十英里（1 英里 ≈ 1.60 千米——译者注）的速度如雷电般前进。若是大西洋航船的船长或是 20 世纪高速火车的司机想突然让这两个机械巨物停止下来，将是一件难度极大的工作。

我想说的就是这句话。每位工程师都知道这样一条机械定律：体积大启动慢。但一旦动起来后，它就会产生出大量的力而且是很难停止住的。体积小的东西动起来快，停止下来也快。你不能希望 12 吨的载重大卡车开动时会像一辆小汽车启动时一样快。小汽车的广告常说它的优点是驶出轻快，加速度大。但你对大载重汽车就不能这样形容。

那么，我说的这些和我们有什么关系呢？关系很大，你会发现在你研究动物时，巨人与巨大的动物行动缓慢，启动也慢，因而情感的、心理的或生理的反应都慢。

此外，每个心理学家都知道，你的身体活动与你的心情状态之间有着密切的关系。其实二者几乎不能分开。心理学家现在已经明白，一般人所认为的心神的状况，其实就是身体的状况。让我们把这一点弄得更清楚一些，不要惧怕心理学这个名称，只需用你的常识即可，并永远对说话总不用简单易解的名词的人存有怀疑的态度。

你在表现喜怒哀乐的情绪时，形体上不可能会没有特别的反应。当你第一次表现出愤怒的情绪时，在你的身心上往往只会留下一点点轻微的痕迹。但重复这种怒的表情，再多做几回，你便会在你的身体的各个部分，从头至脚，留下一个不能磨灭的痕迹。到了相当的时期之后，就已完全清楚地留下痕迹，这个人也就成了一位易怒的人——印痕是如此清楚以至于一个小孩子一眼也可以看得明白，并敬而远之。

　　一个身躯硕大的人发现，要将身心通通唤起，要真正地愤怒起来，那是多么困难的一件事情。他的下意识会说:"哎，这真是一件苦事!"这需要很多的时间和体力消耗才能改变他的巨大笨重的身躯，甚至一种高度紧张的狂怒情绪——因此巨大的人不易变，他学会了安逸之术。这就是为什么体格硕大、体重超过200磅(1磅≈0.45千克——译者注)的人大多皆是平静温和的人。他们思想审慎，行动也审慎。这就是体格硕大的人与身躯短小的人相比情绪不容易激动的原因。

　　我通过研究得出结论，证明魁伟的人更能自持，更安详，更稳健。你若是替一个这样的人寻找职业，就应切记：避免给他们介绍需要速度、巧妙敏捷与快速反应的工作，把这些工作留给小汽船式的短小的人去做吧。

　　身躯短小的人是敏捷的——思想快行动也快。他们多较易冲动，较迅疾，易兴奋。一个身躯硕大的人需要较长的时间方能动起来。可是，一旦动了起来，你最好离他远一点，因为他可能会横冲直撞。不过，不可误解这一点，病理的原因时常也会使硕大的人特别容易愤怒与极易受情感刺激而反应。同样，身体的反常状态也能使瘦小的人变得极慢极懒。然而，在正常的人们之中，我的观察结论表明，身躯较大的人比身躯短小的人在行动上缓慢，审慎，安静，情感上不易激动。

身体短小的人多强韧，细而坚。他们富坚持、忍耐力与复原力。他们比巨大的人更为灵活，勤奋，有力。我曾了解到几个个案，几个身体短小的人因为受自卑心理作用的刺激而

特别奋发，结果，他们比身材魁梧的人的成就更大。

实际上，拿破仑的成功秘诀就是如此。其他建立勋业的伟人也常是这样成功的。

总之，体格魁伟的人常是慎重的、感应迟慢的、态度温和的、喜安适的、和悦可亲的，他安静，端详自持。另一方面，体格细小的人敏捷、活泼、思想行动均快捷。有时候这种人太慌忙，太易激动。在极端情形下，他可能会缺乏自持，并且脾气不好。

说起来也奇怪，这个人类躯体大小的问题竟有可能隐含着极大的军事战略重要性，并且最终解决了第一次世界大战。这说起来像是一种奇异的看法，但却十分容易证明。暂且同我回顾一下那一场结束了所有战争的恶战趣剧。

当年，联军的总司令法国福煦将军是一位身材短小的

人，德军中路总指挥兴登堡身材硕大魁伟、笨重迟钝得有如重量级的拳击手，而福煦大将则像是一位轻量级拳击手。你还记得最终打败了德军所用的战略吗？那就是一个轻量级拳击手挑斗重量级拳击手时所用的巧妙策略。有一时期，战争好像是不可挽救了。德军看起来简直像是不可战胜的。那可怕的雄壮进军——全体兵力的进攻，正代表着兴登堡的迟缓个性与脾气。经过了长时间的组织准备才开始进攻巴黎及沿海港口。德军曾三次进入到梅恩城，巴黎市民曾三度耳闻德军的炮声。法国的失败似乎是不能避免了。

然而，福煦将军是怎样应对的呢？他是怎样胜利的呢？他就是利用短小精干的人所用的巧妙、敏捷、迅速、机警，在一个行动迟钝的巨型大汉的身边跳动，时而窥取他的这里，时而突击他的那里，随后又跑到别处给他一个冷不防的突击。还记得当年联军的那许多攻势吗？在战争史上曾记载，福煦将军总是忽而此处、忽而彼处地攻击德军阵线。他出其不意地先攻击北方旋即又攻击南端。每天，我们都能听到那些迅疾冒险的攻击。他并没有全线地猛攻，也没调动大量的部队——没有数万人的一齐前进，这是兴登堡所惯用的，不是福煦的。就是这种连续不断的、敏捷游动的奇袭突击，终于扰乱并击破了德军。渐渐地，著名的坚如铁壁的兴登堡防线开始破裂、倾倒，最终崩溃。他们先在比利时败退，旋在法国撤军，此处彼处俱失利，不

久即全告结束。

我并不愿意回首这段可怕的大战，但它又真实地证明，个性分析不仅表现在个人的性格上，还表现在国家政治、立法、外交、经济、军事以及世界的种种危机之上。

本章摘要

魁伟身躯——

　　形体特征：体格巨大，骨骼巨大，体重超过 200 磅。

　　性格优点：镇静，安详，慎重，自持，好脾气。

　　性格弱点：行动迟缓，缺乏发动力、忍耐与速度。

　　职业所宜：需要镇静、慎重、自持，但非敏捷耐久的工
　　　　　　　作。

短小身躯——

　　形体特征：体格小，手脚小。

　　性格优点：智力敏捷，活泼机警，反应迅速。

　　性格弱点：好冲动，急躁，缺乏自持力，精力差。

　　职业所宜：需要敏捷迅速、反应快的工作。

第 14 章

人的动作及其意义

　　大概你也曾听说过"行动较空谈更为有力"这句谚语。这句简单的成语恰恰可以作为本章，即人类的第八种特征——表情的主要意旨。

　　我不必告诉你人们在这方面的不同到了何种程度——他们的行走、声音、态度、外表、姿势，以及细微之处如握手的方式与字迹。我所要明白告诉你的是，人们的每种面部表情、每种身体动作、每种姿势对于细心研究它们的人都有其意义。某种姿势可以表示长期性的性格特点，或者表示暂时的心情状态。无论是哪一种你都应该能辨认出来并了解它。

　　例如，你会相信人们戴帽子的姿势也能表明他的性格吗？的确能够。把帽子戴得极正的人，即帽与头成垂直，表示这个人诚实、迂腐，有时甚至可厌。假如一个人把帽子戴得向前斜，他很可能性情轻浮。把帽子向头后斜戴的人表示他轻率、无远虑、好安逸，且易自满。你从来不会看见一位高贵正直的人把帽子斜戴到后脑勺的吧？这些虽属于人的怪僻，然而每个人都会有这种偶然的习惯与态度，但这些事情对于以客观方法研究它们的人来说却极有意思。你是否听说过，欧洲的母亲们是怎样教育她们的儿子去挑选他的新娘的吗？她告诉他，要注意观察他所挑选的女郎是如何对待一只摆在地板上的扫帚的。她是任其摆在那里还是把那只扫帚拾起来送到墙角放下呢？还有一件事，看她是怎样削果皮的。浪费的女子削下的果皮极厚，吝啬的女子把皮也吃了，最合理想的女子是那种把皮削得极薄、极小心的女子。

你是否留心观察过，有的人习惯在站立的时候，用脚后跟着地以使身体前后摆动，并用他的手指勾弄衬衣袖口或吊带吗？这是一种夸张自大的明显表现。你不能告诉他任何事，不必费那气力，因为他是听不入耳的，他自以为一切都懂。

你能从电话中知晓一个人是忧愁、悲苦还是懊丧吗？你能从脚步声中听出来谁是你家中的某某人吗？你能从那个人的脚步声中听出他是欢喜或者失意吗？当然能够。

但是，现在先让我将本章关于表情的主要意思说明一下。最足以表现你所观察的某人的性格与个性的有两种姿势。一种是外向的姿势，另一种是内向的姿势。例如，每逢你高兴欢喜时，你会在屋里跳跃转圈两手高举，肩膀上提，头仰起来，嘴角也向上斜。当你看球类比赛时忽然看见你所支持的一方大胜，或者你所爱看的球队博得满堂彩时，你更会这样表现出你的兴奋之情。换言之，外向的姿势往往是在表现积极、欢喜、热诚的情感。

你可能知道，人们——不分男女，都时常流露出因自己的成就而有的自信、勇敢、雄心。同样，他们喜悦时总是坐得笔直，头部昂起，胸部突出，两手张开放在身前，而且因积极愉快的表现而使得他的嘴角、眼眉以及脸上所有的线条与角度皆向上升。我把这种积极的表情命名为"优胜的姿势"。并且这种姿态基本是每个海陆军校毕业生所具有的。你决不会看见一位将军慵懒蹒跚地靠在一根电线杆下，也绝没有一位战胜者是两腿交叉胳膊抱在胸前、下巴低垂、背部前倾的，因为这些表情都是属于消极与失败的。

而每逢你悲楚失意时，你肯定走向一个角落去。你蜷缩起来，你的头低垂，并且你的整个身体都因懒散而做出一种消极、灰心、愁苦、失望的姿态。甚至低等动物也懂得这种形体的表情。吩咐你的狗去做一件平常的事，但用严厉的声调去恫吓它，你的表情严肃，握住你的拳头喊它，它便会在你的面前畏缩蜷伏。

再注意观察一下习惯说谎的人。不论他嘴上怎样讲，留神看他的手，因为手可以表示他所说的真伪。若是他的手或手指无意识地向两边摆动，那么，不管他怎样说，肯定都是假的。喂，小伙子，假如她的手上下动，那么，不管她嘴里怎样说，也是真的。

每逢动作姿势使得手向身子里缩回向下，那便是表示否认、惧怕、失望或愁苦。最极端的情形则表示隐私或者欺诈。

这里有一个判断性格的最大秘诀。我已把这个秘诀传给了数万的执行官与售货员，以及约 1200 家公司。他们都在使用这个方法，每天去衡量雇员与顾客，并且均有效果，假如你由以前学过的性格分析法中并未得到什么，那这个方法必对你有极大的用处。

留心看你打算说服的朋友，注意你预备劝说的买货的顾客们。他们是身子向后仰靠在椅子上两腿交叉着吗？他们是把两臂相交抱在胸前吗？这是确切的拒绝表示。他不相信你，或者说他是在怀疑。再者，这种内向的姿态，两臂交抱胸前，甚至含有拒绝或挑战的性质。你是否见过，两个孩童各不服气将要打架时的姿势，往往都是两臂抱在胸前怒目相视的。

意大利独裁者墨索里尼最惯用这种戏剧性的姿势，每逢他对民众演说时，他的胸脯往往都会向前突出，下巴前伸，头向后仰，两臂抱起，大声疾呼。

每逢你看见一个人在商谈事情的过程中做出消极抵抗的姿态时，就应该停止与他谈论，因为肯定是发生了什么不妥的地方，你需要迅速地找出错误的所在才行。怎样做呢？有两种方法可以解开一位持消极闭关态度的人。第一，问他问题——问他是什么原因。继续问他，直到他回答你

为止。假如你用这个方法还不能使一个人抱在胸前的双臂放下，那么就使用第二种方法，递给他一件东西——一本书、一张画、一幅图表等，这时他必须要放开手去接。因为一个人只有在身体开放时，他的心才是开放的，而且只要是听你谈话的人继续采取这种开放的接受的态度，尽管讲你的，或是劝他买你的货品或是用建议打动他。但心中须记住，各位推销家，没有一个未来的买主是抱着手签订购货合同的，任何人也不会是用抱着手的姿势给演说家、运动员、明星鼓掌喝彩的，我可以用这种绝对的"否"的表现分辨出听众之中每位怀疑者，不管嘴里是怎样说，这种姿态永远都代表着"不"。

而一个人若是身子倾向于你，肢体是放开的，嘴张着，眼睁大，手张开，他肯定是对你发生了兴趣，他不仅是在用耳朵注意倾听，而且也用他的大脑进行思考，他相信你，他愿意再多知道一些，既然这样，继续讲你的吧。

因此，记住了，一个人表现出关闭着的姿势，那么他的心也是在关闭着；若表现出开放的姿势，那么他的心也是开放着的。

上述两种姿势虽不能完全代表人的性格，却确实可以表现一个人当时的接受状态，除此之外，还有相关的几种表情姿势对你将特别有用。

先说握手。我已经对你讲过这种姿态是如何的重要，它不仅可以告诉你某人的肌肉与骨骼的松紧软硬，还可以告诉你某人的想象与感觉，他的健康状况，他的心情状态。

力弱、松软、无生气的握手，显然表示缺乏活力与热诚，它又时常表明体质的无力与愁苦，因此，你不可依赖这种人，他们的性格是软弱的，就像他们的握手一样无力，此外，这种握手还表示不关心。

你所接到的朋友或一位陌生人的信函也可以表现出他们的性格。笔迹书法是神经波动的表现。我在此不详细研讨书法与性格关系的种种表现，但有几件容易观察的特质可以在你的笔迹上确切窥知。不过你一定不可以忘记，笔迹代表人暂时的心情者多，代表永久天性者少。你现在的

书法与你五年或十年前的笔迹就不同。再者，你的笔迹几乎因为你的情感与心情状态而每天各异。

例如，你会发现，人在快乐热心时所写的字行必向上斜，在沮丧失意时所写的字行则会向下倾斜。一件值得注意的有趣事情是，白肤色的人写字时多向上斜，至于褐肤色的人若其他情形无二，所写的字行多向下倾。

若是每个字都写得过于向前斜，此人八成富于精力，进取，无耐性，恰如凸面型的人的性格。每个字若写得极正直或向后斜，天然地表示其人谨慎小心、精细深虑并且有时是能严守秘密的。

孩子们写的字永远大而散乱，但随着他们的脑力逐渐发达，智慧及心力专一随之增长，他们的笔迹也日渐小而工整。老年人的笔迹常常表现得软弱颤抖，说明其渐失肌肉的操纵力量。

我在新西兰时曾认识一位很富有的商业通讯员，他惯将重要的商业通信写在一张明信片上，而且他的笔迹极细小而拘束，并且把一张明信片的正面和背面都写满了。这种特点表示节俭甚而带点吝啬。相反，字写得很大，每行相距甚远且留着很宽的空边的人，多是浪费的。

能守秘密的人写o，a，d，g等字母的上端必封得严而无隙口。若是写这几个字母时上端开着口其人必然爽快，他可以把任何事都告诉你，并且时常不能严守自己的秘密。

一个人不论男女，写字时若起初写得极大，随后越写字体越小，他定善于应允，但却不善实践自己的诺言。笔迹粗重者表示身体健壮有力。字体一笔一画均匀工整，又如写 i 或 t 时的点同横均整齐规矩者，其人肯定做事有次序有规律，精确并能耐劳。

有的人从来不愿意和别人握手。若到迫不得已的时候，他只会将自己的手交给你而不作任何反应，这种握手方式的人多以自我为中心，为人冷淡，也代表着漠不关心与缺乏兴趣。

温暖而有韧力的握手，用力平均，拇指压紧你的手背，这是表示友善、诚恳、信任与胸怀坦诚。

除非是极亲近的朋友，小心那种过分亲昵地握手的男女。这种感情勃发式的握手是表现过火的，而且多半的原因是他要有求于你。再有一种就是拼命用力的握手法，这表示体力过强，性格粗鲁，并且时常缺乏熟虑、机智。

记住，从握手观察人的性格，他们的姿势不但表现了他们的天性，而且还代表了其临时的情绪与感觉。你与一个陌生人握手的方式，决不会跟你与顶要好的朋友握手时一样，你在健壮快乐时的握手法也与你在愁闷病弱时不一样。

一只冷淡的手代表了其冷淡缺乏热情的天性，一个人的手若时常是暖热的，其性格也暖热。这种人具有丰富的情感反应，或者他头脑中有热情与多情。

在结束本章所谈的人的表情问题之前，我要指出极为重要的一点，这一点是人们的形体的九种特征中唯一可以有意识地改变或操纵的。没有一个人能改变自己的面貌，除非做整容手术，也不能改变自己的肌肤或头发的颜色、骨骼构造，但却可以改变他的面部表情与举止态度。因此记住了——要使用本书前几章所讲的基本不能改的各种形体特征去观察人，然后用其他表面可见的如姿态、握手法、笔迹等再加以比照——永远记在心里，一个人或者由于某些原因以致举动完全与他真正的本性不符，换言之，要切记，动作虽然比空话明显，但也可以如空话一样有虚假，但是其真与伪却瞒不过真正的个性分析学者。

最后，我们谈到第九种形体特征——体质状况，而且这一条时常是许多个性分析学者所忽略的。

也许你已慎重地观察了一位朋友，你看明白了他的面型、肤色、身躯、结构等。你分析之后，断定他应该是活泼、富精力的实干家型的个性，然而他却全无这几种特长。不用失望，也不要立刻认为个性分析学全是无稽之谈，再仔细研究一下他，细看他的体质状况，以及他的健康情形，你会发现，原来他的扁桃体有毛病、心脏衰弱，或者是因为别的毛病致使应有的特质优点都被完全抵消了。

记住，假如你发现一个人本来应当是好动的人，但他却懒惰，本来应当是沉静的人，但他却极易受刺激，本当是温和而富机智的人，但他却总是易怒且喜欢争斗，很有可能是他的体质中有了什么毛病。

你也可以试着查看一下自己。你曾有过几天或几个星期之间，性情像是完全改变了，你平素的好脾气全变了，你一向喜欢做的事情现在使你感到不愉快了吗？假如这种情形延长了，你应当高度注意，最好去找医生查一查你的健康有无问题。假如你把自己很细心地分析过了，假如你明了自己是哪一种的人，应当是怎样的，可是你的现状与此不对，大概必是你把"体质状况"这一项要件给忘记了。

不管你具有哪种才干，若身体不健康，就很容易将这种才干毁坏殆尽。你可以同一位很合理想的人结婚，共享今后的美满生活，然而你的婚姻，也许会因为你身体病弱而被摧毁。你或许找到了一种最适合的职业，而你的健康状况，也可能会阻碍你不能从事该项事业。

我想起了一个熟人——一位很和善的教授。他在学校中极受师生们爱戴，主要是因为他的脾气太好了。突然有一天，他无缘无故地变得易怒、暴躁，时常大发雷霆。没有一个人能了解他为何突然性情改变。医生检查也未得出究竟。他的家庭生活颇为美满，又无经济不足的难题。这真是一件怪事，最后一位专家医生发现，他的眼皮之下，在眼球的角膜上长了一点东西，因此扰乱了那位教授的全部神经系统。当医生用适当的手术割治了那个东西之后，

这位老教授的好脾气又恢复了。

由此你可以看出，本书所讲的九种形体特征，互相之间有着密不可分的关系，就像一座桥梁的石柱，共同来支撑桥身，使你安然走向知人知己的境地，但假如抽去其中一根，则整个桥身即将不稳。

个性分析不能从中间跳到结尾，这是一种需要按部就班的科学。其中一共有九种人类的形体特征，欲明了你自己，或是任何人，这九种情形都应当仔细查明白。

最后有一个问题几乎是每个跟我学习的人都会问到的，就是人的性格是否能改变。一般人都相信人的天性多少是固定的，意思就是不变的。然而现代心理学家却说这是错误的，宇宙间没有一种事物是固定不变的，从最高大的山到蔷薇花的花瓣，每样事物都在不断的变动中，从极微的原子到太空中庞大的星系，每个分子、每种物体都处在无休止的变动之中。

你的性格有改变吗？你的体质构造有改变吗？当然是有的。现在的你同上年、上个月，甚或昨天的你都不是同一个人，主要的问题应当是——你是变得更好还是更坏了呢？

前天我在街上遇见一位老朋友，看见他不免寒暄道："喂，一向还好吧？近来做些什么呢？"他答道："噢，没做什么，我简直是在消磨时间，过一天是一天。"这是不对的，人生是不进则退！

　　你们在前边已经学过不少关于科学个性分析法的知识，现在试着应用一下吧。这里有一个青年人罗先生，以前我曾分析过他，你们试用想象替他解决一下难题。我先把所有关于他的情形说一下。他说道："我对自己的前途十分迷惘忧虑。我今年24岁，知道自己应当走的道路。我从小学毕业之后，到一家建筑公司当工程实习生、铁工与材料股事务员。我积攒了一点钱，又去读了两年工程专科学校。但是毕业之后，我却找不到我认为应该能够胜任的工作。我到处奔波，最后没有办法，只能遇到什么工作就干什么工作。我当过投递员，也曾当过保安，又干了几个月的铁匠，现在我正做着一个饭店里的厨师。但是我的目标呢？我做什么工作才能成功呢？巴尔肯先生，我是脱离了轨道还是未曾走上轨道呢？"

　　这个青年同许多人一样，对于自己的前途不知何往，我希望你们能代他设想一下。这位健壮的青年，衣装整洁头发光亮，用本书学过的术语来讲，就是他是白净的肤色，侧面上端凸出，下端凹进，属智慧与好动混合型，肌肤柔细适中，肌肉富韧力，头部形状高窄，后头呈方形，前额狭窄。试用心想象他的样子，他现在不如意、懊丧，他和他的朋友生长在不稳定欠温和的环境中，他们憎恨环境。

　　让我们试作个性分析。我列出了一张诊察表，将他与人类形象九种特征作了比较，不久我便得出了结论。

"现在，罗先生，让我们先看你的积极或优势的性格。我们先说使你高兴的。第一件你肯定很懂顺势且多才，你喜好新的意见、新面目、新地方，你决不肯苟安于现状，你好批评但不能分析。你喜欢把东西拆开来作比较研究，观其究竟，你对社交与交友只有中等的能力（且偏重与异性来往），将来是一位好丈夫。你好寻究原因，喜欢思考，对将来的所得比对目前的利益更感兴趣。你对音乐韵律颇能欣赏。你诚实，有善于创造的智力，能专心，善观察，勤苦。你天赋聪慧，喜读书、研究、思考事物，你对于意思、地方、事件的记忆甚佳，尤长于思想之连续，你对于数字、系统、次序及推理力有特长，故擅长数学。

"但是，现在且说几种你应设法纠正的性格弱点。你常把时间用于白日做梦，你常心不在焉，并且你不善于理财。你对于姓名、文字的记忆力差。再者，你常欠机智地与你认识的人意见相左，你办事需要圆滑手腕，你不懂得了解别人。其实你还是很需要学会察言观色的，你略显懒惰，你表达能力欠佳，你的态度太温顺，你太谨慎因而容易怯弱。

"现在我愿意建议你选择以下的几项职业、目标，这些是你应当挑选的也是能胜任的，不要枯坐等候职业机会来寻找你，因为你当总厨师或打铁工匠全是浪费精力，你若选择下边的一种工作必定能成功而且愉快：（1）化学技师，

（2）电气技师，（3）科学研究员，并且若要我为你建议一种业余的有趣的工作，请研究美术吧。

"无论你对现有的工作是如何地讨厌，我也决不建议你立刻放弃它，除非你已找到了别的维持生活的办法。在工作期间，请学完你的补习课。去找一个夜校，读一读关于我所建议给你的三项工作的课程。开始去化学、电气或工程界寻找工作。换言之，就是开始向你将来志趣所在的工作圈内深入发展，这样你就将成为一个工程师或者研究家，而不是当总厨师。

"但是你的那些弱点，让我们看看如何去纠正它们。你要锻炼你的决断力，纠正你的犹豫不决，因循拖延。第一，立刻开始每日不断地练习深呼吸运动。第二，尝试着在运动场上去参加竞争胜负的游戏比赛。第三，练习快步走、游泳、划船。不要忘记你的最大障碍是懒惰。第四，时时督促自己说：去做，并且立刻做，切勿再拖延！

"为了保障你的生活，你应当多学习一点关于财富的知识。你应当注意节俭，避免做投机生意，并应当有一个收支预算。不要借别人的钱，也不要借钱给别人。学习著名理财专家的生活方法。我建议你去读一读那本极其有趣且有用的书，就是富兰克林·霍布斯作的《财富的秘密》。

"你还需要更多的交际手腕。我建议你加入一两个社交俱乐部，并积极地参加各种活动。你的谈吐能力还有待提

高，应该多读书，高声朗诵，假如可能的话，加入一种非正式的辩论会或演说训练班。你应当训练自己的记忆力与构思力，注意读本书以下的数章，我将告诉你很多关于增强记忆力与智力的方法。

"我建议你业余时间可以从事美术类的工作，而不必要闲暇时还干本职工作。这是因为你的科学才干远优于你的美术天分，在正常工作时能够全心尽力就好了。然而，你的确具有艺术才能，而且你如果能够发展这项业余爱好，必定会感到很愉快。

"罗先生，以上就是你的未来计划，我愿再重述一遍，请相信它，并按之实行。简言之：你继续当厨师毫无意思。你具有一位工程研究员的一切才干。找一件近于化学或电气工程的工作。仍继续在工作之余读书。向你的最适当的职业目标迈进。如果想增加经济收入，就应当发展你在科学方面的技术与效率。罗先生，你会达到目标的，只要你愿意按照我上面的建议，努力去做。记住了，成功的代价是努力！"

诸位，以上你看见了一位人类工程师在工作，测量了另一个人的才干与能力。你看见了一个人生计划的建立过程。你看见了如何从纷乱中建立起秩序。你看见了一条康庄大道的筑成。听了我的建议之后，罗先生眼里带着希望之光，开始向前展望了。

但是，以上所说的这些，跟你有什么关系呢？其实我想告诉你的是，你也可以这样做。你也能增加你的快乐。你也可以用本书所讲的科学知识与专门工具，测量你的才干能力。假如你认为这是一个故意单独设立的例子，或只是想象的片段，让我再给你看一封我刚接到的来信吧。

"巴尔肯先生：今天早上我收到了一张 293 元的支票，其中 170 元是我的纯利。这个数目对你也许很微小，但是我只是一个大楼公寓里的电梯司机，每月 80 元的工资，这一笔额外的收入，我应当感谢你。事实如下：

"你还记得曾为我作过性格分析吗？你说我是凸出面型、褐肤色、好动与智慧混合型、身体短小、肌肤粗糙、高型头、前额上端呈方形等。你也许忘记了，我以前是钟表匠，因为眼睛有毛病，所以不能做精细工作，失业数月之后才找到了这份电梯司机的工作。

"你在分析之后，曾对我讲，应当做关于机械的工作，但不妨做较大的东西，比如制造家具，我以前不曾想过这些，但我却先试着做了几件自己用的家具，因为买现成的价钱很贵。

"你曾郑重说明，我当钟表师也不对，因为那工作对我来说太纤巧，但是你又说我确实具有机械技巧，很适宜于制作大件的物品。哈，你所说得真是对极了，我就依照你的指示去做，现在已经得到了一笔额外的收入。

"这所公寓大楼管理者的女儿将要结婚。她与她的未婚夫手中存款不多，买不起商店现售的家具。我听说之后，便去同他们说：'请到舍下看看我自制的精美价廉的家具，假如你们愿意，我可以代制一份，价格远比家具商店里便宜得多。'起初他们二人以为我是说笑话，最后到我家里看了之后，那位小姐直夸奖我的手艺。于是邀我同去家具店内，看一套最新的式样，回来后拿出三百美元，让我代购一切木料，动手去制作。我每天省出一部分时间，在家中行动了起来。两个月之后，全套家具完成，我雇了一辆载重汽车，送到了他们的新居，当时，我就接到了支票。我已经说过，这数目中我的净利是 170 美元，抵我两个月的薪水。哈，这还仅是个开端……这套家具制成后，我又接到了他们的亲友来向我约定代做的五六份订单。我大可以辞掉电梯司机的工作，专门开一家木器店了。

"巴尔肯先生，我应当感谢你给我的建议，我感觉制作家具很愉快适意，我就要辞去电梯司机的职务，专造木器。我的前途十分光明，这是我有生以来第一次有如此感觉。我衷心地感激你。艾迪尔敬上。"

现在，假如你对本书所讲述的内容已了然，你就具备了获得成功与快乐的工具，你就已经掌握了这种知识去帮助自己发现并利用你一生中最需要的东西。但是切记，世界上一切的工具都不会对你有用的。你应当从现在起就利用这种性格分析的原则……应用于你自己，你所遇到的人，你的职业上、家庭中。你自己坐在屋里说，你有一副会发财的相貌，那是毫无用处的。你应当出去做能发财的工作。

因此，下一步便是如何应用你以前学过的知识。在此之前，稍停一下审查一番自己，你对于前述九种形体特征都能完全明白吗？好的，让我们开始应用这种惊人的科学个性分析法吧。

第 15 章

应用心理学

我们的心与身体，有着极为密切的联系。凡是足以影响到身体的东西，也能影响到心灵。这种心理的平行性，乃是一切科学个性分析法的基础。大心理学家威廉·詹姆斯曾经说过："所有情感的主因都是发自生理的。"那意思是说，你的任何情感的表达，如喜、怒、哭、笑、恨、嫉妒或忧戚，无一不连带着要使用身体某一部分的肌肉力量。

还记得我们前面讲过的关于惧怕的内容吗？在惊恐时，你的膝盖会颤抖，牙齿会打架，身体四肢会失去控制力，你的心会狂跳，脸色会变得苍白。实际上，身体颤抖乃是一种下意识的动作反应，能帮助你将血液迅速送到肢体的末端。

著名心理学家都能指出这种心与身体之间的密切关系，个性分析心理学家更进一步指出这件有趣的事实。你在表现一种情感时，若才一次，是不会给别人留下多深的印象的，但是你若重复地表现这种情感，便会给人留下不能磨灭的印象——不是在你的额上或你的手纹上（但有的江湖卜者，则专由这些皮毛而不科学的征象判断人的个性），而是留在你全身的每一部分，从你的头顶直到你的脚下，你身体的每一小部分都能表明你的许多性格。

在实际应用中，这种事实已经很普遍。为避免形成长期的、忧郁的形体表现，就不要时时搓手、握拳、皱眉、披发，或用愁苦的声调说话。要保持轻快、高兴、积极的态度。要决心以积极的创造性去处理你所遇到的一切问题。然后，深深呼吸，使你的胸部挺起，下巴伸出。笑！在你这样做完之后，你再想做出愁容，便几乎不可能了！

是的，我知道强迫你采取一种完全有异于你平常生活的新的态度与习惯是很难的。然而，用有益的新习惯代替旧的坏习惯，是增加人的快乐的一个重要步骤。

我每次教授学生基本原理时，都会取出一张硬纸卡片并轻轻地折一下。这个卡片立刻又张开恢复原状，卡片上的折痕也很轻。但是我用力多折叠它几次，最终它便会合了起来。与此情形一样，当你第一次去做一件事时，它会在你的脑际画一道新的痕，那个印象也许很淡，但再三重复地去做它，最终便会形成一种习惯。最重要的当然是去养成好的习惯，不论是练习早起，吃饭细嚼，守时，养成和气的笑容，或对于一件难题集中心力。

我忽然想起了一个故事。有两个相熟的小伙子，一起上前线打仗，第二天早晨便要听号令前进。时间已到，队长吹号发令进攻，他俩跳出战壕，爬过无人荒区，甲转过头望着乙说道："喂，伙计，你的脸白得像一张白纸，你心中肯定害怕极了。"乙固执地回答道："是的，伙计，我很害怕！但是你若有我一半的恐惧，必定早就临阵脱逃了！"
那么，这个故事里的这两个人，谁更勇敢呢？显然，乙虽
然面带惧色，却是勇敢的，因为他心中在与恐惧抗争，仍
在继续前进，他是在制造勇敢的形体状态。甲则只是盲目
大胆，他并没明白当前的危险。

再说一件有趣的事。我们身心每一部分的发育，都与
它的营养及使用有关。例如，弯起你的右臂，便会鼓起一
块坚硬的腱肌；然后弯起你的左臂，假如你不是习惯使用
左手的人，你的右上臂腱肉一定会比你左上臂的大。你若
是习惯用右手打网球的运动员，就更会明显地看出，你的
右臂前节比左臂粗得多。

让我们由这种简单原则往较深处推论，这里我们有一
位惯用右手的人，那么不可避免的结论是，为何不给他一
件利用右手的工作？这不是很简单吗？

在这里，我们通过观察，进行一次科学个性分析的简
易实验，一如利用一个人的优缺性格作科学择业指导，我
们给那个人一件需要跑腿的工作是不对的，应当给他一件
利用右手的工作，结果是什么？他喜欢做那件事，他很快
乐，他很有效率，他自己高兴，同时也使别人满意。

你也许会说，这个例子太简单了。然而，就是利用这
条简易的原则，其合理的结果将会改变你的整个人生。那
么，我们该怎样利用呢？

　　第一，实践练习正确的心与身体的习惯。重复各种积极的正确的情绪——坚定、坚毅、愉快、果断、热诚，等等——的形体上的状态表情，直到成为一种自动的反应动作习惯。

　　第二，利用你的优秀的体力与心力，让你的长处为职业提供帮助。不要用你的弱点——你的"左手"，要利用你的"右手"。分析自己！找出你的优点都是些什么。找一件适当的工作，让它正好利用了这些优点。然后，大力发挥你的优点，如音乐才能、机械技能、社交本领、艺术能力、发明力、专注力、科学研究等能力。

第 16 章

品格的奥秘

如果一个人具备了一种好的品格，那他往往能够取得成功。而缺少好的品格常常是一切失败的主要原因。

我认识一位马太太，她向我诉苦说："巴尔肯先生，我的女儿费丽丝今年 22 岁。她长得很美，人人都这样说。她在大学毕业时代表全班致毕业词，她很聪明，她的衣着打扮也很时髦。但是她却找不到男朋友。我想她是缺乏某种品格。但是她应当怎样去发展这种个性特长呢？如何才能使她找到男朋友呢？就像邻居家的那位小姐那样，虽然不是很美，但却有一位好丈夫，还生了一个可爱的宝宝，并且过着安稳的生活。巴尔肯先生，你能给我一个答案吗？"

是的，马太太，我相信有一个答案。在我答复之前，先让我说说前几天我在俱乐部听到的一段谈话，共有四个人参与了这次交谈。第一位是著名的戏院经理，第二位是精明的商店老板，第三位是头脑极清楚的某公司的人事部主任，第四位是我。谈话不知何时转到了"品格或品性的问题及怎样得到它"这个话题上。

"周先生，"我问那位戏院经理，"每个剧场、舞台、银幕或播音明星都需要一种优美的品格，并且必须有。那么，究竟品格是什么？"他回答道："巴尔肯，我想这种特性可以称之为俊俏、漂亮、态度大方、体格健美！即好莱坞所谓的'唔，明星！我们就可以叫它美'。这便是我对于品格的意见。"

那位商店老板立刻插嘴说："噢，不对！我敢说品格与这全无关系！我的一个最能干的推销员有一种奇异的品格，他却一点也没有你所说的那些特点。但是他却极会讲话。他的谈话是那样的有趣动听，足以使你入迷。他无论走到何处都能带回大批的货物订单。"

那位人事部主任接着说："我对这个问题的意见却又不然。我若雇用女秘书，必定会细看她的指甲、她的外表与她的衣装，我一直相信整洁、利落以及对装饰的审美一定与好品格有着极大的关系。噢，还有一件我要加上的就是，一副动人的笑容。这就如同点心上加的奶油。"

随后那位老板转过脸来问我："喂，巴尔肯，你曾经接触过数千人，你曾为各大公司选用过职员，你更曾指导过数千人各得其适当的职业。你对于这一点有何高见呢？"

我相信他们对于我所认为的一种令人可亲的品格表示惊讶。"诸位，"我说道，"我想我国由古至今拥有最伟大可爱的品格的是一位最家常的、最沉静的、最粗鲁的甚至是最拙笨的人，他其貌不扬、头发蓬乱、衣服破旧，心中满怀忧郁以及许多难题，以至于他的脸上都无法强打笑容。然而这个人却有着伟大的品格！"

"你说的这个人是不是林肯？"那个人事部主任问道。"正是他。"我答道。但林肯的伟大的、可敬可爱的品格的奥秘是什么呢？在研究林肯一生的历史时，我常常发现他是粗鲁拙劣的，我们不妨称其为俗野。他时常坐在污秽的旅店中  对人们讲用伞把捉老鼠的故事。当有人责备格兰特将军酗酒好饮时，诚实的林肯率直地答道，"看看他喝的是什么，我要照着买一些送给别的将官们喝。"

有一天，林肯和一位上议员在华盛顿的街上散步。一个黑人走上前脱帽向林肯致敬。林肯也照样子举了一下帽子还礼。

"林肯先生！"那位议员愤然地说道，"你为什么对一个黑人行礼？"林肯回答得很妙，"我不能让一个黑人比美国的大总统还要有礼貌，对吗？"

林肯是一位极其朴实不修边幅的人。他的两条长腿走路姿势极为难看，他的破旧衣服绝够不上"漂亮"二字。但他对于别人来说却有着极大的影响力，为什么这么说呢？下面是我对于他的品格的真实奥秘的定义。

林肯有一种异乎常人的才干，就是能对别人切身相关并有兴趣的事予以同情和关心。

我认为这就是获得朋友并使人们喜欢你的唯一秘诀。我说的是对于别人的问题、理想与见解的同情、有益的关心。这就是最重要的所在！

化解任何人的漠不关心的态度的最简单方法就是满足男人的自大与女子的虚荣。你若同任何一个人谈关于他的事情——他的生意兴隆，他的政治功绩，他的智慧成就，他的身体健康等，必可打动他的心并使他满足得意。

学习与别人谈关于他们的事情。记住，现代男女中99%的人都具有普通的人性并且是自私的。我们都关心我们自己的家庭、自己的孩子、自己的意见、自己的希望、自己的判断，等等。你如果和我谈我所喜爱的狗，你肯定会引得我异常高兴；但是，你如果和我讲你的狗怎样怎样，恐怕就会使我烦躁而不爱听。你若是眉飞色舞地畅谈你打牌或打球的技术，别人不久便会皱起眉头不再爱听，但他们却喜欢对你讲他是怎样巧妙地打败了对手的。

林肯当年在给儿子命丧沙场的无数母亲写那封在历史上永垂不朽的慰问信时，他流露出了发自内心的同情。在一位母亲因儿子担任夜哨失职而被军法判处枪决向他求情时，他深受感动去阻止行刑，充分表现出了他的同情与理解。他一生中都充满了对别人的事情超乎寻常的同情与关心。因此，他也被后世认为具备了最伟大的人物品格并被

仰望——不管他的形象是如何的粗俗、拙笨，面貌是如何的丑陋，衣着是如何的古怪，且是农民出身。

　　现在你若是感觉自己的品格尚有些欠缺，那么，请培养这种对你所遇见的人们表示关切的伟大习惯吧。若能如此，你必定能处处大受欢迎，无往不利。这就是可帮助你达到一切目的的魔术一般的公式——和人们谈论他们的事情，学会对别人所关心的事情给予同情的关切！

第 17 章

面貌与个性

你是否尝试过坐在电车里或在公共场所中端详别人的面孔并猜测他的性格？研究人的面貌特性并不难，特别是在你已明白了前面所讲的人的九种形体特征的基本要点之后。

所谓人的面部是指眼眉与下巴中间的部分。眼皮眼眉在研究个性时都很重要，我将在本章的最后讲，现在我们暂且抛开它们，只讲从两颧骨与鼻襟向下到下颌的部分。在研究脸的不同部分时，我们把脸分成三部分：（1）鼻部分；（2）嘴部分；（3）下颌部分。

鼻部分是脸上代表能力的部分，假如你分得很准确，它应当占全面部的一半。鼻子吸收氧气到肺里去，所以它是肺部健康状况的表现，鼻子若是长而且显示着健康的淡红色，颧骨高而宽，鼻部分便可算是特别大。这是有积极能力与精力的又一证明。假如鼻部是长而不宽则精力是忽张忽弛而无恒的，假如鼻部宽而不长则精力便是潜伏的或欠活动的。

肺部若有任何变化都会立刻影响到脸上的鼻子部分。颧骨一边或两边出现浅红色是肺中有毛病的征象。颧骨上部呈大红色是有肺病的最普遍现象，患肺结核的人鼻及两颊部分通常是苍白的。

　　由鼻子旁边到嘴角现出一条深的面纹也是富有意志、毅力、坚决的明证。我曾分析过一位著名大工厂的经理，他的鼻部分就是长而宽的，这表示具有能力与才干。但有一位学过性格分析的人却说，那位经理决没有丰富的能力，他时常一天坐在办公室里而不去活动。然而，我仔细分析了他的习惯后发现，原来当他坐在办公室里不动的时候，他正在计划着新的制造方案，开辟着新的国外市场，制定着新的生产策略。他的推动能力就是从那安静的办公桌上灌输给全体组织，并达到每个工作中的员工的，如同电线将电力连到全工厂。

　　又有一次我分析过一位智慧型的教授，他在某所著名大学的研究部工作，他脸上的鼻子部分也很大。他的身体虽不经常活动，但是他的惊人智慧却表现于他的学术研究上。他曾根据对希伯来、希腊、拉丁、法、德、意等文字的研究写过一本书。他对于古文学有着丰富的知识。他的哲学与神学论著均被认为是权威之作。这就是他的惊人能力的表现。

　　因此，假如你发现一个人的鼻子部分显示出他富有能力时，不要误认为他一定是在天天打球或做体力的劳动。就像我上面举的两个实例，他们也许是把同样的精力用在了智能方面。

脸上的鼻子部分代表能力并表示肺的情况，而嘴部分则代表胃及消化系统的情形。医生诊察病人时，第一步就是先看病人的舌头、牙龈、呼吸、嘴唇及牙齿。

一个人的嘴部分大，丰厚，强健，唇色红润，呼吸良好，唾液丰富，牙齿及牙龈均完好，那么他的胃消化功能与营养吸收能力必定较强。这种人富有活力且好吃。

假如脸上的嘴部分生来不大，短而狭窄，牙齿牙龈不佳，这种人多半缺乏活力而且复原力亦薄弱。有时这种情形表示消化不良，假如你就是这种情形，最好赶快去找医生帮你治疗。这种人需要富有营养的饮食，同时要多多休息。他们易疲倦，易怒，悲观，主要原因就是消化不良所致。你所遇见的每位患消化不良的人必定是易疲倦的、悲观的，不对吗？这又是心理生理类似现象之一种。

再说一些关于嘴可代表性格的事例。嘴唇愈宽且厚的人，其欲望愈盛；嘴唇窄而薄的人则沉着而自持；嘴唇松软的人缺乏意志力；嘴唇过于宽而厚的人情欲旺盛；嘴角向下倾的人抑郁悲观，反之嘴角向上挑的人则乐观而富于希望。关于上嘴唇或长或短所代表的性格可说的很多，因此我将另开一章详述之。

脸的第二部分是下颌（即嘴与下巴），这部分代表人的忍耐力强弱。我在前面已经讲过下巴与心脏的活动直接相关，并且还说明了方而且长的下巴乃是有毅力、勇敢、坚

决的表现，下巴短而向后缩的人则易兴奋冲动。因此很明
显的是，一个人脸的下巴部分愈长且宽则愈有忍耐力、身
体具有持久力。

有人会问我，嘴角上生有笑窝的人有什么特点。为什
么女人有酒窝？笑窝通常是属于女性的，表示这个人很多
情。她们需要较多的爱情。有时你也会发现一个男人的嘴
也有酒窝，但其意义仍是相同的，即此人多情。

你的脸是鼻子下巴部分大而嘴部小吗？那么你富有动
力与耐力，但却缺少蕴藏着的活力，你需要更多的复原力。
你的精力很容易用竭。你就像一架好的机器但锅炉里的蒸
汽供给不充足。这就是你在工作中呈现出忽张忽歇状态的
原因。你的嘴及下巴部分大而鼻子部分小吗？那么，你蕴
藏着大量的活力与复原力但却缺乏耐力。换言之，你大概
是懒惰的。

这里让我们说一点关于耳朵的事情，虽然这似乎是跳
出了脸部的范围。你想向别人借钱吗？你觉得什么样的人
最大方，你容易向他借到？那么，先看他的耳朵。固然应
当找一位肌骨软韧、窄型头、高前额的人，但最好的方法
还是寻找耳垂长且与脸部分开的人，这种人一般富有同情
心且为人和气。不要向几乎没有耳垂的男子或女人借任何
东西，他们一般是不会答应你的。

一件可做的有趣事情就是给你自己或朋友拍照。然后

把每个人的鼻、嘴、下巴等部分与世界名人希特勒、墨索
里尼、罗斯福、丘吉尔等人的脸部作一个比较。

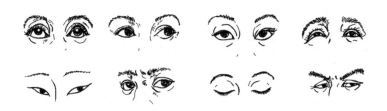

  现在讲到眼。"眼睛是心灵的窗户",古代诗人及现代的
科学个性分析学家皆如此说。聪明的人无不认为眼睛代表着一
个人的身心状态。它在怒时发出凶光,笑时亮若明星,忧时溶
若液体。愚笨的人眼睛呆滞,青春的人眼睛明朗,恋爱者的眼
温柔多情,有病的人两眼无神无光。

  心怀欺诈的人的眼睛很容易看出来。注意,一个眼皮
微闭,眼珠左右乱转,不敢正眼看人的人必是狡诈、坑蒙
拐骗之人。

  诚实人的眼睛多是睁大并安静地望着你。眼神也是坦
然、自如的。有些诡诈的人故意装作实诚,但他们的眼光
并不坦然自信,却装得过火而成了用力瞪着看你。小心这
种诡计。须知真诚是不用故意夸大的。

  大而圆的眼睛表示领悟力强,对于一般事物皆有兴
趣。有这种眼睛的人对于所见的一切事物多能获得一副心

中的形象，并且心思灵活。因为他们是在不停地学习。儿童的眼睛则永远张得大而圆。

羞怯或目光向下望的眼睛表示自卑、不安或过分拘谨。不可断定凡是不敢用正眼看你的人都是不诚实的，他或许是因为缺乏自信心，或是因为心中有事自己陷在沉思中。

眼珠浅色的人肤色也浅，性格亦属于浅肤色人的。他们喜欢变化：新意思、新面孔、新地方。眼珠浅色的人应避免做单调无变化的工作。

深褐色或黑眼珠的人多属于拉丁或东方人。这种眼睛表示有坚持力，情感深厚。黑眼珠的人常是多情的但也多是忠实永久的，假如黑眼珠的人眼睛闭合着，则是怀疑的表示。

两眼中间相距远表示对于形象、式样、景物、面目的记忆力好。世界著名大画家的两眼中间宽得几乎可以再长一只眼睛。诚实的眼睛——忠心、永恒可靠的眼睛，皆睁大，眸子正中上下显得特别长。试看鸽子的眼睛。

好色或多妻妾的人的眼皮显得特别厚、肿胀并且是眼皮微闭着，眼神呆滞、无光。

瞬闪的眼睛，与眼角旁及下边现出皱纹表示其人的性情幽默、快活。真正幽默有趣的人眼睛中常露着闪光，即便他的嘴唇不会笑。

凶狠的眼睛是上下眼皮平行、半闭上眼、眼皮略硬。眼向上斜，上眼皮似凸垂的人狡猾不可靠。

眼睛线条柔美，眼眉睫毛细柔如丝，表示其人敏感并富艺术鉴赏力。明朗有生气的眼睛眼白晶洁，表示青春、热诚、健康、活泼。

大眼睛表示好动，感性，多敏捷，且常有极深的情感。大眼的鹿便是敏捷灵活的代表。小眼睛的人迟慢，更能深入，思想有坚持力。他们或甚精明，小节谨慎，但不如大眼人那样富有感情。轻信不疑、天真无邪的眼睛是圆而睁大。眼白完全围着瞳仁，这种人常易于受骗。

让我们看看眼眉。凸垂或低悬的眼眉遮盖着眼珠的人领悟力好、观察深刻。他们对于科学研究多有兴趣。眼眉平直的人富男性特质，重实际，对事实有兴趣。极弯的眼眉一般是属于女性的，表示敏感爱美，有时也表示人肤浅琐细。眉毛粗浓、眼皮亦粗的人富于精力，雄健，善顺应，喜户外运动，活泼多艺。眼眉中间相距极近甚而接连，并且眼睛亦接近的人必然暴躁、乖戾，心地亦狭窄。

现在你可以注意你对面的人脸上各部的形象，你很容易就能测知他的性格，不是吗？

第 18 章

嘴唇的长短与个性

　　容我先说在我办公室里曾发生的一段故事。

　　我曾雇用过一位极为能干的女秘书，她的品性极可爱，待人接物尤其好，但却有一个缺点——是当秘书所不应该有的——写字极不整洁。几乎每一行中都有涂抹，而且这位女士极敏感，不肯接受批评。我在聘用她的时候就已知道了这一层，但问题是我该怎样保留这位能干的女秘书的优点同时又将她的缺点纠正呢？终于有一天，她送给我一封打好了的信函，异常整洁而毫无涂抹。于是我赞扬她说："你这封信写得真好，还非常干净，我要给你道贺！因为这样才是最理想的商业信件。"

　　从那次起，她打的信件都是极其整洁优美的。现在我要回到正题了。我怎样知晓她是最感性的呢？我怎样知道对付她只能用夸奖而不能用责备的呢？这极简单，因为她的上嘴唇短，表示此人受不得批评，渴望被人称赞。想了解这种特性，注意看鼻子下沿直到上唇红边的那道直沟。假如直沟短，你可以断定此人渴望夸奖，甚至有时喜欢别人的假意恭维。我们平素相交往的人之中总有特别敏感的人，他们有着很优秀的性格，但是他们却喜欢被夸奖。因此你与他们交谈时务必深思熟虑，否则你说出来的话可能比真的武器更能伤害他们的感情。

　　现在，让我们将这一点应用于实际来增加我们的快乐吧。你太太的上嘴唇短吗？那么对她说话要客气一点，不要怕恭维她，轻轻在她肩上拍一下比什么都能使她高兴。吃完饭坐下看报时仍要不断地说："亲爱的，你做的番茄牛肉真好吃。"或是你们预备一同出门时不要因等她换衣装的时间太久而不耐烦，等她穿好时要说："亲爱的，你真漂亮！真会打扮。"这话将有惊人的效果，她会像度二次蜜月一般快乐。

　　用称赞代替责备，这是待人的最有效的秘诀，不论是对待何种类型的人，但对上唇短的人尤为有效。见着上嘴唇短的人应将这点记在心中。他们喜爱被称赞，夸奖是对他们的最佳刺激。他们之所以要成功，也是为了向他们的家人、朋友或国人展示他们的才干。你曾听说过一个极普通的男孩子，忽然有女朋友喜欢夸奖他，立刻振奋起来，最终成为有名的运动员吗？但这里也有一个危险信号，是上唇短的人所应当留神的，你应当知道自己的缺点——太好虚荣。练习去分析你们渴望的夸奖，看它是真的应得的或是假的别有用心的。

　　当然，你还应该考虑前面我们所讲过的其他形体特征。假如那位上唇短的人同时肌肤柔细，你的称赞便应温文雅致。与此相反，假如那人是粗肌肤的，那么你大可爽

快地尽量夸奖，他什么都能吃得消。你的上司是粗肌肤上唇短的人吗？好啦，你不妨说："你知道吗，你是我从来未曾遇见过的精明强干的人。我想你做这种事真是天才。"他肯定极其喜欢听。

现在让我们总结一下。男人、女人、男孩子或女孩子，凡是上唇短的人都渴望被称赞并欢迎人的恭维。欲使他纠正他的错误，恭维他的优点长处；欲使他继续依你所希望的去做，再多恭维他一些。若是你自己的上嘴唇短——就要留心你那易被恭维所迷惑的倾向。不断地自省，你近来是受你的头脑还是受你的短上唇所支配。

现在你也许在猜想，假如你的上嘴唇长是什么意思。谈到此处使我想起了电影明星乔治·艾里写给我的那封信。

他在信上的谦逊措辞与他所附照片上显著的长上嘴唇给我留下了极深的印象。这里我又想起了曾有一位即将结婚的女郎问我的一个有趣的问题。她问道:"我将同一位男子结婚,但他的相貌上有一特别之处——你从照片上可以看出来——就是他的上嘴唇极长。这是什么征象?我想你一定能给我一点指教并使我们将来的生活更加美满。"这个问题实在爽快聪明,极值得立刻给予一个确切而有益的答案。

上嘴唇长的人对于称赞或恭维容易怀疑。别人恭维他的话,他有点不相信、反感,经常会问:"噢,是真的吗?"这些上唇长的人基于从人生经验中得到的教训,会认为大量的称赞恭维(当然不全是)多是不诚实的,是基于想从自己身上得到一些东西。假如你夸奖他,如他的家庭或他的专业,他立刻会怀疑,认为你肯定是有求于他或准备卖给他一些什么,直到你证明并无别的用意。

然而这种特性时常与一种聪明的、善分析的心思相伴而生。愤世嫉俗的人知道理智的最大敌人是感情。而感情中最难支配的一种就是被人夸奖时得意忘形。因此,他的背总是往后仰以防备他的判断被恭维所迷惑。他的目的是要做到不凡而且常常能成功。并且这种人大多皆能避免我们常犯的一种错误——对于自己的不幸遭遇并不会归咎于别人。

对待这种人最好的方法是正当地批评他而不是称赞

他。你若见到这种上嘴唇长的人时，准备挑他的错吧，当然也应该公正恰当，不可故意地吹毛求疵，那样任何人都不能接受。你若真能挑出他有不对的地方，就不可吞吞吐吐，而应直截了当地对他说。不必道歉，无须在批评他之后再说几句恭维话。最好是与他谈话时不带哪怕一分的恭维。

永远记住，上嘴唇长的人自有其独立的见解。他做事完全是为讨自己喜欢而不是为别人。他好一意孤行，他的自尊自重心很强，但这自尊自大无须外界人士的赞许。他的唯一竞争者就是他自己，他只听怎样能完成计划的意见。这种人心目中有一个他自己应当怎样行动怎样反应的一定形式。他衡量自己的成败就以自己所定的标准，因此，你无论怎样恭维他也是毫无用处的。

我有一位朋友上嘴唇极长，在某次高尔夫球比赛得胜之后，十足地表现出了这种特性。那一次比赛本来不会请他加入，因一位参赛者临时缺席只好请他出场。对手中有好几位是全国知名的球员，但那次却都发挥不佳，结果我的那位朋友竟出人意料地获得了亚军。当我向他庆贺时，他却答道："不要说了。我参加过不下 800 次比赛，平均 80 次会获得一次冠军。我今天打得并不好，能获得亚军完全是对方的技术发挥得不好。"所以对于这种人，多恭维是无用的，他们是直接的人，你最好也用直接的方法对待他们。

不久前在一个宴会上我得到了两个极明显的例证。与会的一位画家愿意为客人画速写像，一位美丽的女歌手先求速写，她坐下来说的第一句是："先生，不必画得十分像我，只要画得美就可以了。"那位画家低声对我说道："怪不得她的嘴唇如此短。"画完之后，他又为一位军官速写。这位军官的上嘴唇却特别长，他坐下来说道："艾先生，不必客气，我脸上有什么就请你画什么，皱纹、疤痕、秃顶，请都画上。"

假如你是售货员，对于这种上唇长的买主要让他自动去买。不可忙着说他有何不对，但须指明他何处错了。把事实与论证摆在他的面前由他自己下结论。不可替他建议，不要同他说别的人都喜爱用某种商品。进言恭维对他是不生效力的。

前几天，我参加了某大公司的董事会，董事长是一位著名的大富商。他的部下对他全是唯唯诺诺，无论他说什么，都只有点头称是。那次开会时我却站起来毫不客气地说："董事长，你的意见很对，但是你却没弄清楚事实。我来证明给你听。"试想在座的他的下属们是怎样的惊讶，害怕我的这几句话要惹祸了。待我解释明白之后，我又巧妙地结束道，"因此，毕凯先生，除了你的前提事实错误之外，你所说的其他一切都对。"哈，那位先生至今是我顶好的朋友，从那次之后我说什么话他都采纳，就是因为我给他一种有益的恰当的批评而别人却是一味地对他恭维阿谀。他的下属员工都很敬畏他，但假如他们学过科学个性分析学，看见他那长的上嘴唇，便可以洞晓在他的潜意识内十分地敬重那些对他作正确有益批评的人。因此，你的上司若是上嘴唇长，切记不要净说"是，是"，在适当时候你要给他一种恰当有益的批评。喜欢聘用对他唯唯诺诺的员工的上司，大多皆是不能忍受批评的。

你的上唇长吗？假如是的，我对你的劝告是：不要太多疑了，世间也有诚恳的人。你的太太夸你漂亮时不一定就是绕着弯想叫你替她买一件新衣。你的副手说前天你讲演得真动听，也许并不是假的。

至此你又明白了不少关于上唇所代表的种种性格与个性，你又可以应用它去知人知己了。下次你若看到石油大王的照片时，请注意看他的长嘴唇。他的心思完全在石油上，你不必想着拿香蕉油去博得他的欢心。

总结起来说，上唇短的人敏感，怕受批评，而容易被称赞恭维打动。相反，上唇长的人多疑，对于一切的恭维称赞都不相信，他憎恶对他唯唯诺诺说"是，是"的人。请利用这一点去观察人。当然，你必须用对了。

第 19 章

拇指的长短与个性

在古罗马时代，人的大拇指有着异常重要的任务。每逢到了罗马的某一个纪念日，万人空巷，全体市民都来到罗马大竞技场，就好像我们今天看足球比赛一样，他们看的却是被雇佣的角斗士们不顾性命地比武争强。在大竞技场中，20 个持剑的武士，每两人一组对挥利刃，鲜血横流。时而残酷好杀的某一组会停下来，那是因为对方武士所持的利剑已被打落或是本人被刺伤，倒在尘埃中等待命运的判决。胜利的武士则将宝剑高举，得意地望着包厢中的国王，等候信号。什么信号呢？就是大拇指的动作姿势。假如国王将拇指向下，地上倒着的战败的武士将会立刻被结果性命；若拇指朝上，那个武士的命就得以保全。

在那个时期，拇指关乎生死。另外，拇指对于人类种族还有极为重要的功能。

假如我让你仔细观察你的拇指，大概你会感到惊异。"人身体上如此无关紧要的一小部分，对于科学的个性分析学有什么关系呢？"你会这样问道。好啦，我告诉你答案吧。我的看法是，还有许多伟大的科学家也认为，拇指的发展乃是人类进化到文明的重大原因。听起来像是风马牛不相及，不是吗？不久你就会明白你身上的这个小东西包含了多么令人难以置信的罗曼史、科学历史与人类关系。

耐心听我说，因为我要先从进化论生物学的根据上，然后再从历史观点，来与你谈关于拇指的种种特性。大概你也愿意从医学方面知道一些关于拇指的事情，并且也愿意从性格的观点上知道一些。你想过你的大拇指上还有这许多故事吗？

人类与其他动物在形体构造上有的地方区别是极小的，但拇指却是一个显著的例外。"人是动物中唯一真正有拇指的。"最近科学家们发现，人猿的手上也有拇指，但它们却还不能做我将要你立刻做的事情。用你的拇指与同一只手上的其他四根指头相接触。很简单，不是吗？哈，没有别的动物能这样做，人猿也只有一个极小的拇指，生在距掌心很远的地方，在所有动物中，这算是与拇指最相似的，但是即便它也不能用拇指与其余同一只手上的四根指头碰面。好啦，你可能会说："这有什么？它与我有什么关系呢？"会有的，很快就有！

人类永远声称，他们在体力、智力上都优于其他一切动物。但说实在的，人类如此吹嘘自己优于万物，是有些荒谬的。例如，有许多动物实际要比人类强壮。一个和人一样大小的猩猩能够将两个拳击运动员轻易地举起，并能把他们的头颅击碎，像你玩番茄一样容易。有的动物行动极为迅速，有的动物的嗅觉或视觉比人类的要敏锐得多。

有的则更富有爱家的天性，例如猫。松鼠最能远虑食物的节约，蜜蜂更会合作，狗尤其忠诚。还有的动物更热爱照顾后代。鸟类则具有更好的韵律感觉等。

但是，人类却有两种心理的特点显示出优异来：一是他的意志力或意愿；二是他的推理能力或智慧。除了这两种心智上的意志与推理的不同之外，还有一种形体上的显著区别，就是只有人类有真实的拇指，并且人们还发现，拇指及其发展与一个人的意志力同推理能力有着密切而又直接的关系。

一个人的拇指越长，且位置越在手掌之下，那么这个人的推理与意志力便愈强。现在先看看你自己的拇指。我知道你不能忍住不看。当你看的时候，让我告诉你怎样正确计量拇指的长短。

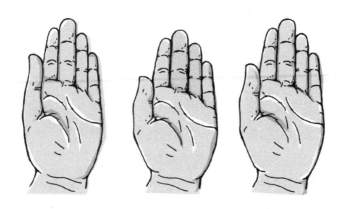

　　使你的拇指自然与手并齐。正常的拇指尖端应在食指四分之一的地方。对，四分之一。这代表普通人的拇指长短。假如你的拇指显得特别短——你应当设法发展你的智力与意志力。偶尔你会发现某人的拇指达到食指关节处甚或有过之。你要明白它是何含义——意志力太强——倾向于固执、顽强。

　　最理想的拇指是较长并且在手掌上长得靠下。凡是我分析过的每一个能干的行政首领——如西奥多·罗斯福、郝金斯、塔夫脱、威尔逊、摩费特等人都长着靠下的长拇指。

　　让我们从进化论方面来看这个性格的标识。当原始人类被猛虎或其他野兽袭击时，他必然会拾起眼前任何一种武器，或是石头或是木棒向敌人掷去。朋友，你觉察到了吗？假如没有拇指，他绝对拾不起或拿得住一块石头或木棍。随着进化，他开始寻找出别种攻守的武器。他折下树枝削尖为利枪，由枪改造为矛，后来又制成剑。并且这样继续进化到现代的武器。那么很明显的就是，假如人类没有这个重要的拇指，便永远不能成为会使用工具的动物。人类是首先会制造并利用工具之后方才成为了万物之灵。而且若没有拇指，则几乎不可能使用任何工具——不论是原始时代的石器还是现代的锤与锯。

　　现在回顾一段历史。在古斯巴达与希腊时代，他们最轻视懦弱的人。士兵所犯的最大过错就是见到敌人败北逃

回。他们是怎样惩治懦弱者的呢？斯巴达人会使用一种奇
特而简单的刑罚。他们仅仅把罪犯的拇指砍去——如此而
已。然而，每个斯巴达军人或武士如果偶然或由其他原因
被砍去了拇指，他们便会立刻自杀。因为没有了拇指，他
们便再也不能使用枪剑，而在那个好战的时代，人若不能
打仗，也就无法生存。

现在让我们再谈一点生物学。你是否见过刚刚生下来
的婴儿？每个新生婴儿刚一呱呱落地，往往都会把他那小
小的拇指握在掌心。换言之，每一个婴儿刚生下来时，就
具备了意志与推理能力。但自从婴儿的拇指开始伸张并直
立在外边后，便永远不再缩回。同医生谈话时他会从医理
方面告诉你关于拇指的有趣的事。一位医学界最著名的权
威者说："严重的病症如中风、癫痫、瘫痪等影响意志力的
病，都会使拇指变得衰弱不堪。"

你是否参观过疯人院？你是否见过先天的残疾人，或
观察过失掉意志力的人吗？你会发现这些不幸的人大多数
都习惯把拇指放在掌心里抚弄或握着。

这里还有一种医学上的征象。一个身染沉疴之人到底
还能否再活过来，这可是一个严肃的问题。这时，经验丰
富的诊治医生必定会细心地观察其种种生之征象。他会听
呼吸、心的跳动、脉搏，最后还有一件重要的事，就是他
会看那个人的拇指。只要病人的拇指还伸在外边，就表示

他还有一线生机。他还有意志力，他还有推理能力，还有对生的渴望。但假如拇指已衰弱无力地倒在了掌心之内，医生便会知晓此人将不久于人世。他是无法救活了。他已经失去了意志力和对人生的渴望。

因此，拇指也是衡量你的能力与增加你的快乐的又一公式。例如，你是一位喜欢操纵的商业领袖下面的一个职员吗？看看自己的拇指。假如它的长度越过你食指的关节，你可能也是一位自己意志坚强、性格固执、不能与你的上司长久相处的人。那么，请放开你的眼界，另外去寻找一份工作吧！

那么，现在且勿玩弄你的拇指，开始利用它们，去寻找你自己与你的快乐吧。

第 20 章

手所代表的性格

　　世界上有数十亿双手，有数十亿的腕、拳、指节、指甲、手掌、手指。你是否想过，这些身体零件在你日常生活中所发挥的重要作用？

　　手生来既是用作搬动轻重物品的机械，也是用来安放婴儿的摇篮；既能用来从事沉重的劳役工作，也能创造出艺术的杰作。不仅如此，你的两只手不但是一副灵巧的机械工具，能够完成一项项的任务，还是一本能观察性格的天书，通过它们可以窥知你的性格特点。因此，把你的心打开来明了这种科学，并且张开你的手放到你的眼前吧。

　　我对你的手产生兴趣，并不是对所有的相手术都感兴趣。实际上，我并不打算为那些伪科学说话，我也不知道你的过去或预测你的将来。当然，我的科学研究工作确实告诉我，人的手是极可靠与极明确的性格的标记。

　　科学性格分析学家在系统地观察手时，会观其颜色、结构、肌肤粗细、柔韧程度、指形、拇指——甚至指甲——并且他如果能从这些观察中得出一个综合的性格图形，他实际上已对那个人的性情、脾气、潜力有了准确的计量。他对于人性的奥秘可算是又多了一种认识。

　　现在让我们回想一下我们介绍过的三种基本类型的

人——智慧型，好动型，活力型——也就是思想家，实干家，领导者。好啦，手的分类大致也划分为这三种。

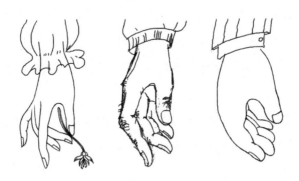

智慧型的手是长，细，尖，呈三角形，纤巧与柔美。这种手表示智力超人，心细，聪明，并且有较强的艺术能力。

那种大的、四方的、骨骼显露的手无疑是在表示其好动、活泼的性情，兴趣近于机械工作与体育活动。

那种短、圆、肥的手，肉极厚，代表常见的活力胖人型，他们富有管理能力，善商业、法律，以及好享受的天性。你都明白了吗？

但是，手的构造不管如何分类都可以分成以下六种：

富于理想或精神型的手是小的，手掌长而纤瘦，手指如圆锥形，指尖尤细。皮肤白而柔软，指甲如杏仁形。这是幻想家、诗人、艺术家与文人们的手。他们易敏感，纤巧，爱美，不重实际。

现在谈谈呈纯圆锥形或富于感情的手，它比上述这一种手要略短并稍宽，手指略尖，他们也是艺术的、敏感的、冲动的、细巧的人。但这种人喜爱安逸舒适。这就是为什么他们常常不肯利用自己具有的优异艺术才干的原因。然而，对于这种类型的手应当细心观察其拇指。拇指坚硬不屈或软弱屈曲则完全代表两种大不同的人，即有成就的人或懦弱无能的人。

第三种是哲学家或多节的手，关节骨骼极为显露。指甲长而整齐，比呈锥形的略方。拇指大，多骨并坚强。这种人喜欢分解困难，善于处理纷乱的问题。他们喜好推理，穷究哲理，他们是独立的思想者并严正不偏，好批评且勤学。

实干家的手是紧实且呈方形的。拇指坚实且大，指甲短而方。这种人好动——拥有机械的或建设的手——是勤奋、实际的实干家。

再有一种呈平而薄片形的手，这是呈方形的手的扩大，但其手指下部细而指端却宽如浆形。这种人有能力并好动，他们或许是很精明，富有发明力，甚或显露优异的天才。这就是你之所以能在成功的拓疆者、发明家、航海家、特殊的工程师——精明能干的人们中发现这种手的原因。

最后一种类型的手是手掌特厚而紧硬，短棒式的拇指，手指粗硬。这种粗糙的手多见之原始人或做重体力劳动的人群中。这种手代表欠勇敢并少智谋，有时性情粗暴。

以上为六种基本的手型。也有多种类型混合的手。有的手指扁宽，也有的呈锥形或方形。生得这种奇形手的人是多才艺与善顺应者。这也表示他们喜变动与变化。

手的颜色可以使你知晓人的热忱、热心与诚挚。永远不变的白色的手（不受室外温度的影响）表示自大、冷酷、沉默、自私、欠同情、欠热诚；浅红色的手表示愉快，有希望，是具有同情、热心、有生气的人；若是血液过多手便呈大红色，表示极度热心诚挚，富生气活力，有时性情暴躁；皮肤颜色褐黄表示体质不健康，或是因肝脏欠健全，这种人多愤世悲观。

现在，信不信由你，指甲的形状是最能代表性格的。小或短的指甲表示喜批评，多疑，矛盾；宽指甲表示体力强，勇敢能忍耐；长且宽度适中的指甲表示其人爱美，是艺术家、理想家型的人。

你也可以从人的指尖观察其性情。指端愈尖，其人愈好理想；指尖愈宽愈重实际。指尖扁如桨形表示富有精力并且特别能干，指尖呈方形表示重规矩有次序。长手指的人往往琐细，他们对于任何小事情都有兴趣，他们精确，能忍受并且有条理。你会听一位手指特长的讲师用极长的时间讲些无关紧要的事情吗？在有些工作上我们应该聘用长手指的人，比如会计、设计、书记员——这些都需要能处理细琐工作的人。

　　短手指的人易冲动。这种人对于远大的计划、重大的意见、广泛的事情有兴趣。手指滑润的人敏捷智巧，手指多节的人慎重好探究。

　　你还记得我们讲过关于拇指的一章吗？我们通过简述其历史、生理与医理的重要性，说明只有人类有真实的拇指。试利用一下你的记忆力，现在略作复习，因为拇指是你的手指中最重要的一个。

　　你在数小时之前对于你的两手知道多少？举起手来，做一件你从未做过的事情。看你的两只手，认真地看，让它们的特点帮助你明了如何尽量利用你的长处，如何革除你的短处弱点，认识什么职业最适合你做。要恰如其分地了解你身体其他各部分的特点。我们想完成的是一幅完整的图画，但是每一笔画我们都要用心。

　　现在，你也许记不得前边所讲过的都是什么了，或者所有以前的章节你都忘记了。我不会怪你。要知道，我花费了25年的时间去学习这种科学，所以我不会指望你能在25小时内就完全会运用。我只是希望你时常温习。

　　这里有一点关于手的事情值得我们注意。我在细心的观察银幕及舞台上的著名人士的手之后，发现没有一双手是合乎一般传说中关于手的美点：就是那种十分尖长纤细、柔软无骨、白净的女性小手。真正的艺术家，真正的实干家，如保罗·牟尼、海伦·何丝等人的手都是好动的创造

的实干家型的手，大多数人的指尖都是瘦笨的，关节露骨的；那些懒惰的人却多生得一双纤巧尖长的手。

我们学习判断性格并且用以观察鉴别人。你与我之间唯一不同的是，你是在猜想一个人的性格，而我决绝不是猜想。我作许多归纳，它们都是根据一些准确可靠的观察而来的。

不久前，某著名报纸的副刊编辑前来访问我，请教关于性格分析法的种种知识。我当时因为很忙所以拒绝了他，但是他也是一位能干的记者，具有坚强的毅力。我从未见过他，但是某一天早晨他又化名来访，一直等我来到办公室。他最后说明是来求我给他作一次职业分析，目的是借此写成一篇文章登在报上。他是一个聪明的采访员与著名的新闻记者。在投身报界前他曾是司法部一个秘密工作人员。

我走进办公室后，他站起身来说道："我的名字叫费斯克。"当时我立刻问他："你不是一位记者吗？"他的脸上颇显吃惊之状，略迟疑了一下，他反问道："你怎么会知道？"

"这是我的职业。"我问答。我约他到我的私人谈话室就座。过了一分钟后我又问他："请恕我冒昧，你好像平常习惯了使用左手，是不是？"他脸上略显不安，然后答道："是，但你怎么知道？"我随后又问他："你会拉提琴，对

不对？"他更觉奇怪地答道："你到底是如何知道的？"我
说："哈，这就是个性分析家的奥妙之一！"

过了一会儿，他要求我一定要告诉他，怎样做到只观
察片刻就能知道那么多有趣的事情。原来，他确实是一位
记者，平素惯用左手，而且他还会拉提琴。我最后对他解
释了一两点，而且说出来简单得好笑，若是被你发现了如
此简单的秘密后，也许你会失掉对个性分析学家的尊重。

我说："费斯克先生，当你取下帽子、手套与外衣时，
我便开始注意你的手了。我善于留心观察人的每一部分，
而且你看看你左手的小指与无名指，你肯定能看出指端生
着硬皮。我所分析过的提琴家都是左手小指与无名指尖磨
出了硬皮的，但是你因为惯用左手持弓所以用右手小指与
无名指按弦。你明白了吗？"

我很想对你们讲述成千上万我所遇见并分析过的有趣
人物。其中有害羞的女中学生、傲慢的市长、扶轮社员、
犯过罪的人、当地的绅士等。

我如何能忘记那位和蔼而善怀疑的、穿着农夫的破裤
子、身上放几条草棍并故意斜披着上衣的神学家呢？他希
望我能上他的圈套把他认做是农夫。其实他忽略了一件小
而重要的观察点。我永远与我要分析的人握手。我从未分
析过一个真正的农夫会有一双白的手、柔软的手掌与呈圆
锥形的指尖。

本章摘要

通常的手——

形状：粗糙，发硬，手指短粗，掌厚。

优点：勤劳，重物质。

弱点：欠聪明，缺乏想象力。

呈方形或好动者的手——

形状：方手，指尖亦方。

优点：实际，好动，喜建设。

弱点：需要心智集中与想象力。

呈圆锥形或智慧型的手——

形状：手掌后根宽，指长或尖圆。

优点：敏感，善顺应，富于艺术鉴赏力。

弱点：易倾向幻想，易变，无恒。

活力或肥胖的手——

形状：手与指均肥圆厚满。

优点：喜舒服，好安逸，好吃，有经商才干。

弱点：易倾向懒惰，纵欲。

呈扁形的手与指——

　　形状：手指如药刀，指尖扁、后端细。

　　优点：富于创作力，智力体力均佳。

　　弱点：多怪癖。

富于情感的手——

　　形状：手指极尖长，手薄而纤巧。

　　优点：富于直觉力，重感情，易受感应，爱美。

　　弱点：体质弱，不实际，不善经商，缺乏忍耐力。

第 21 章

男女体质与情感差别

　　很多男人都以为，男人要优于女人。并不一定。为了
说明这一点，我想与你们谈谈男女之间的差异这个有趣的
问题。首先我要说明三件事。我们要谈的是全体的男子与
全体的女子——并不是指某一个男人或某一个女人。我说
这话在先，是因为我近来演讲了"怎样使个性特质与工作
适宜"的问题之后，接到了很多很多的质问函件，说我所
讲的种种对照他们个人完全不是那样。可是，这正好并足
以证明我的一种见解，就是女人的一切短处中最普通的一
种是，她们总认为某一句广泛的话好像是专门针对她一个
人讲的。

　　让我先举出几种男女体质上的差异，然后再讲一些智
力性情方面的差别。最典型的男性是哪一种样子的呢？他
往往是黑肤色，脸的侧像上半截凸出下半截凹进，鼻梁高
直，脑门后削，下巴突出。此外，男性典型的结构大多是
肌肉有力，骨骼与肌肉均极为显露。

　　至于女性则几乎与男性相反。她们大多是白肤色（西
洋女性大多比男子要白一点儿），脸部形状多为凹入，结构
多为神经质并且很活泼。身躯较小，皮肤毛发柔细，骨与
肉丰而柔。

　　男女不但在形体上有着显著的不同，他们在智慧、情感、心理方面也有很大差别。男性多积极，好动，好投机，喜运动，惯操纵，善发明，自立，急切。

　　女性则无上述的男子特质。她们多被动，爱美，敏感，虚荣，注重情感，细心，保守，虔诚，忍耐。

　　因为男人喜好统治支配，又因为他们有健壮的体力，于是男子多主动，暴虐，有时甚至残忍自私。

　　反之，女子习惯于使用她们那伟大有力的"不抵抗律"。利用她们的直觉力、聪慧、魔力，用她们的说服与感化手段去对付男子的暴力与意志。男人惯用直截了当的方法，女子则惯用间接手腕。男子所要的是权力地位，女子要的是无形的影响力。男子喜欢去获得事物，女子喜欢保存事物。男子设法去获取事实与名望，女人多需要爱与美。男子能创造也能破坏，女人懂滋育会保全。男人为知识、财富、成功、权势而奋斗，女人所愿奋斗的是爱情、美丽、和谐与安全。男人爱动物，女人爱子女。男子喜四海漫游，女人爱居于家中。男人不安静并且好投机，女子则谨慎而怯弱。

　　女子的学习能力也可以如男子一样快而好，有时甚至优于男子。她也能教导人，但迄今为止，她们还是缺乏先驱者的勇气。男子大多急欲担当领袖与支配者，因此人类的种种成就他们都胜利地取得了。不但在科学、战争、工

业与开疆拓土上，而且在宗教、哲学、音乐与艺术上也是
这样。

但是，在女人起而为女性主张权利之前，我要提出一
个极为重要的方面：你很难甚至可以说根本不可能找出一
位纯粹男性的男人与纯粹女性的女人。许多男子具有一些
女性的特质，如喜欢美术欣赏、多愁善感、不抵抗、虚荣、
同情心强、爱子女等。同时也有许多女子具有男性的特点，
如重实际、有毅力、自私、爱动物、积极进取、能赚钱等。

有一次，有几位年轻的女士对我说："我要一个真正的
男性。"她实际的意思并非如此。这句话只是基于表面的想
象，因为一个纯粹男性的男子残暴、自私、生硬、专制且自
大。相反，一个纯粹女性的女子是歇斯底里的、病态的、情
感无定的、顺服的。真正自尊的男子肯定无法容忍她。

有一点我们业已明白，我们若有明显的证据证明女性特
质占优势，那就是一位女性化的女人，或是一位女性化的男
人。同理，若是男性的特质占优势，那就是一个无畏、激烈
的男子或女子。诸位还记得你在学生时代见过像男孩子一样
顽皮的女同学或腼腆得像女孩子一样的男同学吗？

一件值得注意的有趣的事是，女飞行家伊尔荷德具
有不少男性的特点。你难道不会将她与男飞行家林德伯格
同等看待吗？她的好动与健壮的肌肉结构正是使她能完成
横渡大西洋飞行的主要原因。她是第一位勇敢的有这样成

就的女性。你是否注意过横渡英吉利海峡的女游泳家艾德尔？她宽肩膀，好动型体质，肌肤粗糙——这些都是男性的征象。又如著名的妇女运动家安桑尼、比山特、塔拜耳，她们都有着显著的男性特点。另一方面，大艺术家如何夫曼古·比里克、瑞斯基，则是男性中具有艺术的、爱美的、富幻想、敏感、多情的女性特质的代表人物。

女士们，你不打算要一位完全男性的男子吗！噢，不想。我知道你的真实心思。你要一位男性的男子，但他还必须了解你，机智、忠心、同情并且爱家庭和子女，不对吗？然而这些正是女性的优点。

还有男士们，当你挑选女友时，选择一位真正的女性，但还要看看她有没有男性优点，如重实际、有意志力、有理财力、善交际、有进取心、思想先进、勇敢等。

实际上，文明可使男女互相融合。越进化的男子有时越具有较多的女性特点，野蛮时代原始穴居的男子完全是男性的，他就像一匹野性的雄马，不懂得何为情感、美术、恋爱、温柔、人道，或其他后世人所学习得来的社会特性。在另一方面，越进化的女性，则逐渐会具有男性的一些特长，她不再只是负责耕种的动物，只能伏在穴中或家里，到了外界就驯顺而无主张，她现在渐渐拥有了自信，勇敢与实际的人性，进取、探险的天性亦渐显露。

切记，选择一位进化的与和谐的伴侣是走向美满婚姻的第一步。因为男子在进化的女性（具有男性特点的）身上可以获得苦乐与其志同道合的特点。而妻子在一位进化的丈夫（具有一些女性的特点）身上可以获得同情与了解。

因此，假如你是敏感、纤巧、爱美的男子或女子，对这些优点就应特别珍视，不可引以为羞。你完全可以挑选喜欢这种特点的人并与之交往，选择一种可以利用这些特点的职业。总之，要保持本来的你。

同时，希望男子们记住，那种性情似柔丝一般的女子固然很能迷惑你，但到了婚后生活艰难时便不再是福分了，最好的妻子并非是绝对女性的。具备一些男性优点的女人才是最理想的妻子。

让我们进一步讨论男人的性格与女人的性格。个性分析学是怎样将两性的心理差异与生理差异相联系起来解说的呢？我的科学个性分析法是基于人的个性会表现在他的相貌上这样一种原理，用术语来讲，这本书讲的全部都是这种心理平行论。那么，除了最显著的之外，男女形体的差异都有些什么呢？

也许这个问题有些可笑，但让我们仔细地观察一下他们的形体。你每天所看到的男人与女人有哪些不同呢？（你可以去问问你的朋友们这个问题）我说的是形体上显而易见的差异（我知道关于这点我已经说过许多了）。让我们作更进一步的研究，让我们看看，为什么男人的脸上有汗毛而女人的脸上光润呢？——这就是一种差异。你还能想起别的吗？一——二——三——我们想，四——我看你是一时半会儿说不上来了。

你如果明白我的研究所得，知道了男女之间有二十种体型上的差异，你会不会觉得有趣呢？下面略举几种。你会发现，男人的体格比女子的体格要高大、沉重、强壮、多肌肉、粗糙、呈角形，并且肩部宽而臀部小。男人的头颅呈角形且突出，女性的头颅后部较长但少突角而平滑。男子眉毛粗重有棱角，女人的眉毛多弯细。男人的肩膀宽而方，女人的肩狭而削。男子的脊椎骨直而立，女人的脊椎骨弯而倾斜。男子的胸部大而深，女人的胸部（乳房除外）窄而平。男子的腰直，女人的腰两侧呈曲形。实际上，男子的整个身体结构是以直线为原则的，而女人的身体构造则以曲线为原则。男子的骨节、手、脚皆大，女子的手、脚则小。男子的声音粗而低沉，女子的声音尖而细。据生理学家艾里斯说，西方女子多近于褐肤色，最低限度也比男子的肤色要深一点，而男子倒近于浅肤色。

你若发现上列的诸种特性某个人全部有时，这个人就是一个极端的人——100% 男性的男人与 100% 女性的女人。

现在我们不仅要辨认出种种的外形差别，我们还要举出它们所代表的性格特点。男女情感、心理与心智方面有何不同呢？女人为了时髦，冬天穿丝袜挨冻也情愿，男人却笑她们傻，除此之外还有什么呢？

谈到智慧方面，男人的心性多重实际，偏重物质、探险、开拓、发明、敏捷与客观。女人的心则是一种全然不同的思想机关，它偏于理论、精神、感情、容忍、爱美与直觉。

男人由观察来推理，他要求事实。女人则由自己的直觉去推理，她习惯说她"觉得"某事物一看她就知道了。但有时候她们的直觉比男人的推理判断更准确，你或许曾听到过有些男人叹一口气说道："我若是听我太太的话就好了！"

让我们继续往下讲，男人喜欢当领导、上司，他们想要名义上与实际上两方面的支配权。相反，女人则是不抵抗的。也许有的女人想要权力，但很少直接索要名义上的权力。因此，她们达到目的往往是用曲折的方法——用说服——用她们的美貌、机智、计谋，并且如果这些都失败了——好啦，她们只有哭泣。但是男人——男人用拼命——而且100%的硬性男人对普通的外交手腕也很憎恨。大多数男子能从大多数女人身上学到的一件事是——机智。

让我们说明白一件事。一切有知识的人都同意一件事：女人自从被现代思潮解放以来，她们完成了不少奇迹，她们证明自己几乎每种事业、每个行业均适宜做而且都能很成功。但是，她们被压迫的历史已有数千年之久，这是

不能否认的事实。大约还需数百年之后，才能将过去女子被认为只是生子机器，与外界思想、政治、社会等隔绝所遗留的弱点扫除干净。虽然，过去这种处境的结果以及两性形体的差别这种不平等的确是存在的，但这并不是"好或坏"的问题——这完全是两性间根本的不同。

所以，因为男人是如此构造的，又因为他需要自由地运用其能力，于是他的心智是进步的，并长于发明。例如，你很难列举出六位女发明家，让她们加入到爱迪生、马可尼（无线电发明者）、富尔敦（汽船发明者）等人的行列。女人天生就是不太喜欢机械或发明工作，因此，你不必盼望她们会去玩弄新发明的机器零件，除非她受过充分的技术训练。

女人的智慧能力是比较保守的、消极的与接受的。她们宁愿改善与保守而不去探险和扩张。女人在情感上、心理上对于外界的刺激比男人的感应更快。她们比较重情感，好幻想，重精神与多情。她们比男人更容易落泪，喜欢哭！电影工业很明白这一点，所以才特意制造出一些影片，让你的太太或爱人能够"痛哭"。女人还比男人虔信宗教，你看一下在教堂礼拜的人群就能明白，女信徒远比男信徒多——而男子与男孩去礼拜，往往也是为了陪自己的太太与母亲。

然而，最有趣的一点是，男人事事都要操纵和支配的特点，使之即使在女人最拿手做的事情上，也同样是领袖与统治者。谁是最有名的传道者呢？男人！而当你发现一位著名的女传道者如麦克斐逊时，她却是男性型的女性代表。再看看厨房的烹调术。谁是世界最著名的厨师？男人！育儿一事又如何？天下的母亲与女看护，固然有几万之多，但最好的妇婴医生98%是男子。学校机关的领导，自然大多是男子，即便是最著名的裁缝与服装设计师，也多是男子。至于为家庭主妇发明洗衣机、烹调机器、电熨斗、削皮机、真空吸尘器的人通常也是男子。

今天，我们向现代新女性提出一件极为重要的事实——你们的遗传性与你们的女性优点，在帮助与处理人上被给予了一种极为重要的天赋才华。你们的主要职业成功在于待人，在于社会工作，在于社会服务，在于人事工作，在于谈话，而不在于处理事务。

让男人去处理机器、零件、工具、物质吧。而去训练自己处理人——男人、女人、婴儿——的能力。训练他们，教育他们。

第 22 章

你才是自己的老板

数年前曾来找我作过个性分析的戴沃德先生，最近给我写来一封信，内容是这样的："巴尔肯先生：我当记账员已有六年之久，我的经理是一个顽固乖戾的人；我因为生计关系也只好伺候他。前年你曾分析过我的个性，并曾对我说过，我适于制造或机械方面的工作，尤其应当干独立的、自主的工作。工作之余，我开始用木质和铁质材料制作室内的陈设品。后来我忽然失业，接下来找了几个月工作都没成功。直到有一天，我想起你替我作过的个性分析，于是决心去售卖我自制的东西。结果，我的收入颇为可观，比当记账员时的收入增加了一倍。现在，我已雇了两个助手一起工作，并且让我感觉最愉快的是，我不需要再去伺候上司了。——戴沃德"

最近，我翻出旧文件来查看戴沃德先生的个性分析表，各位读者请来为他作一个判断。戴沃德先生是浅肤色，凹进面型，体格硕大，好动与活力混合型，肌骨结实，这样的人怎么会适合当记账员呢？这种身体结构的人适宜于利用他的手做工作——并且是为他自己工作。此外，他的头高、长、宽，对这种人发命令支使他无异于用红布斗牛。失掉了枯燥的工作对于这类人反而有利——戴沃德先生就

是这样的。

　　现在，让我们集中来讨论你。你的头是宽的（介于两耳之间）吗？从耳朵中间向上的头部是高的吗？假如是的，你便是一位心中总不满意的助手，不愿屈居人下，不适于当雇员。你更不适于当一个后防小卒。那会惹急你。你总想发号施令——不愿接受命令。你应当有一个改弦更张的计划。你应当立刻开始学习，训练自己，并用经验充实自己，以准备去当执行者、领导或上司。

　　假如你现时的职务居于人下，那么越快下决心摆脱就越好，去当你自己的上司。只要是为你自己做事，就算是沿街卖报也好。但同时需要记住，虽然你天生适于当执行者，但你应当准备相应的资格和能力。选一门商业管理的专门课程去读，加入演说训练班，选读经济学，修炼商业效率、售货管理、人事管理等基本知识。例如，学习怎样发命令时面带微笑——学习如何当领袖与劝说人的艺术。我已说过学习、训练与经验能帮助你，但执行者最重要的特长之一就是能认识明了他人，并懂得如何对待他们。

　　我现在要给你几种提示，让你知道怎样去打破你的工作桎梏。假如本书与你自己分析的结果都认为你具有执行或管理工作的才干，假如在衡量你的能力时说你应当是一个独立的工作者、领班或上司，那么，取出一支铅笔，记下后边我所讲的。因为我要列出一些工作（只需要极少的资历）是任何人都可以做的。有的职业也许是很不常见的，但是你要明白，在我分析过的一万六千人的职业里，曾遇到过许多奇特的职业。在我告诉你这些职业之前我要提醒你，不可贸然跳到某一种职业中去。

当然你应该先分析你自己，但在应用科学技术之外，还应当应用常识。让我举一个实例来说明。

我认识的一位年轻女子的丈夫失业了。她来找我为她分析个性。我劝她去做艺术类的工作——尤其适宜当摄影师，但她觉得照相馆已经太多了何必再去加入竞争。她坐下来认真思考。之后，她得出了三个要点：（1）她有一台照相机，并略懂一些摄影术；（2）她在城中有许许多多的朋友；（3）她喜欢孩子们并很容易与他们打成一片。

于是，她发出去70封信，分别寄给她的已婚朋友们，信中告诉他们自己开设了一个照相室，专注于儿童摄影。她把所有认识的朋友家的子女的生日都记了下来，每逢

快到孩子生日的时候他们的母亲便会接到一封很客气的信，建议他们为孩子拍照留念。这个生意果然使她发达起来。她的丈夫后来有了工作，但她现在赚的钱比他多得多。

西方有些山清水秀地区的农家，他们在自家的大汽车后边添上了厨房与卧室，提供给野外旅行的年轻人，收费比正式旅馆要便宜很多。结果他们的收入增加了不少。

有一位大学生感觉到文化城中需要一个装饰艺术化，播放音乐唱片，氛围幽静，价格低廉的咖啡店，于是开了一家。结果开张以后生意兴隆，学生、教授、作家、艺术家们都喜欢光顾这个咖啡店。

艺术家、小说家可以绘画、写小说出版卖钱，坐在自己的家里办公永远不必伺候上司，体育家、好动的人可以当各种体育运动的指导，或是开设辅导班。

女性们适宜做的独立职业种类如下——儿童服装玩具店；咖啡糖果店；室内装饰设计公司；内衣店；幼儿园托儿所。近代都市妇女大多要去做工，幼儿无人看管，因此极为需要大量的托儿所，而女子很适合做这类工作。

但是，让我再说一遍，不可贸然去从事某种职业。你准备去选择或去做一项工作前，首先必须确实知道它是真正适合自己的。自信可以创造奇迹，但自信往往需要两大要件：其一是相信自己，相信自己的潜在能力，相信自己的职业才干；其二是知识——专门的学识，你将要去做的职业的技术与训练。第一种来自分析与了解自己。第二种来自学习、教育、训练与经验。

有人曾问道：哪种人最怕失业。一位聪明人答道："失了业的国王是最可怜的。第一，因为他的职业，就业机会本来就很有限；第二，因为他们一旦失业，他们的头颅也会有丢掉的危险。"

因此，不要丢掉你的头颅——利用它！

第 23 章

婚后的快乐法门

如果有人问你下面的问题，你会如何回答？

假如有一位美貌的女士，坐在你的对面，对你说："我已经同一个男子结婚八年，一向都感觉满意，我认为我们是一对很合适的伴侣。但是半年前，我遇到了另外一个男子，他让我看到了什么才是真正的爱情，让我意识到，快乐并不仅仅是每日千篇一律的满足。不对吗，巴尔肯先生？我现在觉得，它应当是狂喜、是真正的心灵激荡。瑞嘉德，我所遇到的这位男子，像是满足了我对男人的一切向往，而我的丈夫却有许多缺点，近年来越来越使我难以忍耐，我们尚无子女并且我是一个现代女性，为什么我不可以同瑞嘉德重新开始一种快乐的生活呢？"

若依我的意见，她欲解决这个问题，首要的、最重要的步骤应该是——她应当确切地明了自己，真正的自己，而不是在被献媚着迷中所想象的自己，并且，她必须真正地了解现在她认为极其完美的瑞嘉德的为人，同时，她可以和她的丈夫暂时分居，对他的性格和为人再加以深入的了解，也许他是有优点的，是可以挽回的。以下是我对这位美貌的提问者建议的几件事。

"你是否知道，人们在求爱期间几乎是不会显露出真实的自我的？你要对自己坦白，我想你会认为我这话是对的，例如你与你这位新的标准男性瑞嘉德先生见面时，你是否会很小心地打起十二分的精神？你是不是让自己显得极其精明能干（然而你并不是极其精明）？你是否会约束自己的脾气（然而实际上你的脾气很坏），努力使自己显得大方温柔可亲？

"你平常在家里或许是一位很不整洁的女子（你确是如此），但是你决不会让瑞嘉德先生知道（决不，直到你同他结婚后），你的丈夫或者会不满意你的浪费（而且你的确是极奢侈），但是你却装着使瑞嘉德认为你宁愿同他在公园里坐一天，或晚间去看一场电影，也不同任何人去奢华的夜总会。但是，最重要的是——假如以上你都是在演戏，大约他也是一样！

"所有你爱慕的这个男子的一切，或者只是基于我称之为'求爱期间的性格'，这时常和他（或她）的真实性格截然相反。你只需回头看看，当初与你丈夫结婚时，他似乎是你最理想的人选，不是吗？假如100分代表完美，他可得到92分，但是你同他相处几年之后，这92分恐怕就减到了78分，然而这78分还算很高，你的丈夫恐怕已经达不到这个分数，从你刚才所说，就可以得知！

"好啦，大问题就在这儿，你已经检验了你的丈夫，你知道他在100分中能得78分，你也知道他当初曾得到过

完美的 100 分，但是你不知道另外这个男人！现在他像是
100 分，但是你如何才能判明他的'求爱期间的性格'？
经验会告诉你，这些并不能代表他的真正性格，你喜欢赌
博吗？你是准备抛弃这确实可靠而且也不算低的 78 分，而
去希冀未知之数吗？这就是你应当决定的问题。"

　　而且在这个问题上，形式与内容或许会不一样，我们
许多人会被迫要自己作决定，这就是诱惑之物——恋爱所
给我们设的陷阱！这几乎比人生的其他任何因素都使我们
为难。婚姻是终身大事，因此我们要明了所选择的终身伴
侣是怎样的一个人，然而我们不少人却在结婚之后，还不
能真正了解！

　　因为我是一位性格心理学家，我曾以惋惜的心情，看
着陷入恋爱的青年，玩弄欺骗与虚伪的手段。有一次我住
在一户人家里，家里有两位年轻女郎，我惊异地发现她们
在招待男友的时候，平常善良寡言的桃拉变成了外交家桃
拉赛，平日懒散的伊利莎变成了整洁的白蒂。我很想警告
那两个青年，他们将成为诡计的牺牲者——不过我知道他
们也在玩同样的虚伪手段。至今仍无法改变人类在恋爱时
都"把最好的一只脚放在前面"的习性！但是，我们应当
有一个比较满意的结论，这就是我们现在正要一同研究的
这个问题——科学的个性分析法。

　　你不能愚弄真正的科学个性分析学者，我已经告诉过

你们，个性心理学家把人们的表情（你的举止言行）仅视为第二重要，然而表情一事在求爱时却很重要——当然，也是很容易假装的。我们研究的是更深一层，我们深入到根本之处，我们观察，我们剖析，之后我们便能得知，假如我们所有的分析的总结论是"此人轻诺易变不可靠"，我们就知道这个人肯定靠不住，无论他或她，现在装得如何多情和忠实。假如我们分析的结论是"经济能力极差"，你最好对他的经济情况再多打听一下——不管他现在表现得如何阔绰。换言之，个性心理学可以让"求爱期间的性格"现出原形来。

学习时常运用这种宝贵的人类科学之术，细看你的太太或情人，她是细皮肤相貌美好吗？——那么，你迟早会体验到的——她不喜欢粗野的事物，那些粗鲁的故事，会使她反感，即使她现在听你讲的时候也会面带微笑。

你的丈夫是四方脸好动型的人吗？星期日他若带你去打球，最好是依从他，或者时常要求他带着孩子去钓鱼。你的女友是美丽圆脸活力型的吗？好啦，现在她的身材即使非常苗条，你也最好有将来会得到一位胖太太的心理准备，假如你要同她结婚的话。

但是，让我们把这件极有用处的个性分析法的工具，拿起来从各方面观察一下。你是凸出面型、思想行动都快的人吗？那么，设法挑选一个思想同样也快的伴侣——但行动却需要能慎重自持一点，你将会发现那种阻止力，可以改正你易冲动的趋势。你是有凸出的眼睛、爱讲话的人吗？若是对方也是这样的人，那么你要小心你的脚步，同时你们两个人都有可能会争着说话，从而破坏和谐。

这又要回归到那条古老而简单的定律"予取予求"，而且不可以因为它古老简单就轻视它，最令人心醉的美丽落日是每天必有的。

而真实的婚姻，是一个和谐、有声色而协调的均衡——一碟菜内有香料而仍适口。你对终身伴侣所真正需要的，并不只是暂时的刺激兴奋，不是偶尔的一度狂喜，而是需要一个能卫护你的弱点并加强你的优点的人，你对一个人的特性的需求不是一个月或一年，而是永远。

这种科学的个性分析，揭去了求爱期间戴在一个人真正性格上的面具，它同样也能揭去所有的假面具——揭去了将你自己隐藏起来的面具，揭去了骗子或自信者的面具，揭去了世故者惯用的腐化面具。

"我要结婚了！"这句话讲出来用不了几秒钟——但是请记住，它却是一句很长很长的话。

某一个晚上，在牌桌上，这个婚配如何适宜的问题被提了出来，不久便开始了争论，结果那一晚上的牌局未能继续下去。打牌的几位之中，有一个 35 岁的单身者，还有两位已离婚的女士，其中一位长得极为秀丽白净。她郑重

地说，她婚姻破裂的原因，是她选择了同样也是肤色极白的男子结婚。她解释她的前夫不但在体质上同她一样，而且脾气也相仿。

她说道："这就像是我自己同我自己结婚，我从来不曾如此苦恼过。"

关于这一点，另外那位离异女士的意见却完全与此不同。她是一位惯于内省的褐色皮肤的人，她同一位白肤色、体质性情完全与她相反的男子结婚，结果仍是一件不幸事，她的生活曾极度地苦恼不安，使她不能忍受。她认为只有性情相投的男女，才能相处融洽。她的丈夫在家里坐不上五分钟，他愿意去热闹的场所消遣，尤其喜欢看有伤大雅的歌舞大腿戏，但是她却喜好打纸牌。这位女士说："我喜爱读书，去听音乐会，并且我喜欢看莎士比亚的名剧。起初，我还勉强同他出去，但一个月后我决心留在家里休息了。"

其实，更有趣的事情是这样的：同他们打牌的那位单身汉，像是最明了这个问题的症结所在，他说道："假如你问我这件事，虽然我好像没有发言资格，但我想你们俩都不对。我还没有结婚，但是我知道得很清楚，我若是要结婚，就必定会挑选这样一个女人：凡是我所爱好的事物她也爱，但是她却多少还要有一点与我不同，以使我们之间得到均衡；我愿意她对我所感兴趣的事也感兴趣，我们也可共同享乐——但是除此之外,我还希望我所不很擅长的事情,她会比我更高明一些。"

说完之后他像是有点歉意地笑了,"或许你会说我似乎要求过于苛刻,但我的确是这样想的。我希望她能管束我不要太浪费,不要让我花掉超过我的收入的钱,我希望她别过于漠不关心,因为假如那样的话,我们就会破产。当然,我也不希望她是一个吝啬的人。"

哈哈,就发生的这件事情来说,这位无经验的单身汉真的说对了——假如人人都跟他一样有这种想法,世界各国的离婚案也就不会如此之多了。而且成千上万的人,在挑选终身伴侣时,也不会造成悲惨的错误了。因为不要忘记,在五对结合之中,有两对是失败的,而离婚数字只是一种对当今普遍的不美满婚姻现象的证明而已。许许多多的夫妇过得不如意时,往往只懂得归咎于子女或其他原因。他们仍继续着夫妻关系,是因为经济上不允许他们彼此分离。在五对伴侣之中,有三对都缺乏真正的快乐,甚至他们大多数当初就不应该结婚。

他们完全不相宜。把他们长时间放在一起,就如同将两种可燃的化学物品混在一块,然后划一根火柴,有些结合不久即行爆发,有的只是燃得慢一些,含怨愤恨,貌合神离。

让我们先分析所谓的爱与憎的问题。我相信,假如你与一位和你一样的人结婚,结果肯定是很平淡的。一方面,

你的优点如果你的伴侣也有，于是得到了加强，但是你自己有的优点就已经很好了；另一方面，你的缺点也会更加凸显，而且正是这些缺点短处，给了我们一生真正的麻烦。再者，你将成为一把刀子而无磨刀石，一架钢琴而无音键。

但是，另一种见解则是，"两个人体质性格恰恰相反时结合才更理想"也照样错误，这种错误很明显。按照这种理论，我们就该劝告一位细肌肤、敏感的、富理想的、笑貌迷人的、多姿的年轻女郎，去嫁一位粗肌肤、黑面孔、自私鲁莽的汉子了，这似乎很不像话吧？

那么好啦！正确的答案是什么呢？合理的结论是：你若希望两个人一起吃、住、工作、玩耍，计划他们一切的共同生活，并白头到老，他们就应当彼此处于相接近的地位而不是相反的地位，也就是做到"和谐"二字。

我们不希望吝啬者与奢侈者相结合，我们也不希望一个不安静喜冒险的人，同一个爱家庭、柔顺小心的女子结婚，但一个吝啬鬼也不会同另一个吝啬鬼相处融洽。

太多的婚姻都产生自错误的判断，并被心灵的惰性所养成。音乐老师拿着指挥棒指挥的是和谐，在婚姻中我们也应当追求这个目标。

你按下同样的一个音符，不会得到和谐！同音符很少会发出和谐的声音；而你按两个正好相反的音符也得不到和谐声音；和谐声音的完成，是你混合两个不同的音符，产生一个和调，它们必须是不同的音符，但不是根本不能调和的音符。

若是能将争辩不休的婚姻问题归结到一个公式上来，上边说的就是它的公式，当然，关于婚配适宜的问题，还有很多可说的，但是记住我所说的——大多数不美满的婚姻，都是最初判断错误的结果。一方面，他们彼此不会加以分析，他们不明白自己，因此并未充分准备好去挑选一个伴侣；另一方面，他们在下意识中，还彼此玩弄那可恶的互相欺骗的手段。

假如我有权管理，或有力影响，发给结婚证明时，我一定要立下一条规则：每对订婚的男女，在发给结婚证明

以前，必须去请教一位有经验的个性心理学家，并请教一位医生。

学者弗狄克说过："失败的不是婚姻，是人们自己。"所有的婚姻，只是把人们的好坏揭穿了而已。

用很实在的态度总结一下，我们怎样才能得到和谐，我们怎样才能避免现在如此多的不美满婚姻呢？当然，世界上没有绝对的完美，但是，我确实相信我们能够走上更和谐的道路，假如我们肯使用一些常识。

现在我们已有了公式，让我们对这个问题多费点心思。你是一个纯粹白肤色的人吗？那么尽量不与纯粹黑肤色的人结婚。前边有一章曾讲过白肤色的人易变，喜欢新潮，易相处，乐观，易激动；如果让他同一个消极、能忍的纯粹黑肤色的人相处，他容易发怒烦躁。纯粹白肤色的人最好同一位比他稍黑一点的人结婚。而纯粹黑肤色的人最好同一位肤色比较白的人结婚，而不是与极白的人结婚。

你明白了吗？我们求的是一种均衡，我们找的是不同的，而不是完全相反的音符。

你是一个特别富有智慧的人吗？你的前额高且宽，身体略弱吗？那么，你不适宜与另一个体弱的人结婚，虽然你们结合在一起很能享受文雅智慧的生活，但那样的综合，将缺乏精神活力，而且所生的子女体质将会更弱。智慧型的男女应当同智慧好动或智慧活力混合型的人结合。这是一种极好的结合，这种结合不但容易美满快乐，而且所生的子女也常是优秀的。

现在让我们从另一方面——即肌肤相貌的特征——来观察这个问题。报纸上有时候会用大字登载某某名门靓女与某球队健将或著名运动员结婚的消息，你看这种结合怎样？这很容易回答："不可！除非女方也是粗相貌爽快的人，或者你确实知道你们的性格真的合宜。"假如你是一位细肌肤相貌的女子，头发柔软如丝，五官刻画纤巧，身材苗条，尽可能不要嫁给一位粗相貌勇壮的男子。大自然也许愿意使这二者结合，但这没有顾及文明与家庭的和谐。这样的伴侣常常生育出健壮的子女来，因此优生学家特别赞成。但这种结合会完全失掉母性中的优美纤巧。我也不建议你去挑选一位白面书生为丈夫，这是一个像你一样柔细的人！我确切地劝告你，勿与过于粗鲁或过于纤细的男人结婚，而应该挑选一位比你的相貌稍粗一点的男子——粗得刚够在你们的结合中加一点硬性。假使你是一个粗线条直爽的男子，你也应当选择一位比你的肌肤相貌稍细一点的女子为妻，假如你娶一位顽皮的丫头，你将永远不懂得何为理想、文化、优美与艺术欣赏。而假如你挑一位肌肤相貌太细太美的女子，你恐怕不能笼络住她。相貌稍粗一点的——这是最合适不过的了。

你喜爱的伴侣是极居家、爱家庭生活、忠实的吗？那

么，最居家的与最标准的好父母型的人是头后部长圆、丰满的人。这样的人永远是忠实、爱家庭、爱子女的。

你愿意要一位善理财会赚钱的人为丈夫吗？那么留心看你的男友的太阳穴即鬓角部分（在耳朵以上及前一寸的地方）。此部分若愈宽，则他的赚钱能力愈强。

如葛藤一样纠缠着你的人常是肌肉松软的，还有那些喜漫游，愿意跟随你到任何地方去探险的女子往往是白肤色，好动型，头自前至后颇短的人。

你喜欢有毅力的人吗？寻找头部高——自耳朵以上之部分——的人。还有下巴长而突出，鼻子以下到嘴角显出一条很深的脸纹。但是，不论男女，你们都要留神那种嘴唇极厚、后脑勺大、颈后部肥满、眼皮厚而多肉的人。这类人常是多欲的、自私的、贪婪的——你绝不会愿意跟这样的一个人相处一辈子。

不论你是做什么的，都切不可愚弄欺骗你自己。选择伴侣一事尤其重要，要认清真实的自己，例如，你或许认为自己是属于智慧型的，因此你也许要去找一位智慧型的伴侣，不过，实际上你也许是一位好动型而非智慧型的人，这种潜意识不自觉的自欺行为只有个性分析法可以发现真相。

尚未结婚的男孩与女孩，还有已婚的男女们，为什么不现在就立志过有计划的生活，却让生活掌控你呢？生活

如同一条大河，里面满是急流旋涡。无计划的人，就如同
一块在水上被急流冲得忽前忽后、忽而打转、忽而下沉的
木头，最终只会被冲往下游。而有生活计划的人，则如同
一只稳健向前的船，纵有猛浪急流打来，也能毫无影响地、
勇敢地向上游驶去。下游多失败，上游多愉快，你会走哪
一条道路呢？